开公司全流程手册

从注册、财务管理、融资到运营

艾 欧 张家庆 李建华◎编著

SUCCESS

WORK

BRAINSTORM

BUSINESS

CONCEPT

IDEA

中国铁道出版社有限公司
CHINA RAILWAY PUBLISHING HOUSE CO., LTD.

图书在版编目（CIP）数据

开公司全流程手册：从注册、财务管理、融资到运营/
艾欧，张家庆，李建华编著.—北京：中国铁道出版社
有限公司，2022.8
ISBN 978-7-113-29082-5

Ⅰ.①开… Ⅱ.①艾… ②张… ③李… Ⅲ.①创业-企业
管理-手册 Ⅳ.①F272.2-62

中国版本图书馆CIP数据核字（2022）第065646号

书　　名：开公司全流程手册：从注册、财务管理、融资到运营
　　　　　KAI GONGSI QUANLIUCHENG SHOUCE: CONG ZHUCE
　　　　　CAIWU GUANLI RONGZI DAO YUNYING
作　　者：艾　欧　张家庆　李建华

责任编辑：吕　芡　　　　编辑部电话：（010）51873035　　　邮箱:181729035@qq.com
封面设计：宿　萌
责任校对：苗　丹
责任印制：赵星辰

出版发行：中国铁道出版社有限公司（100054，北京市西城区右安门西街8号）
网　　址：http://www.tdpress.com
印　　刷：北京柏力行彩印有限公司
版　　次：2022年8月第1版　2022年8月第1次印刷
开　　本：700 mm×1 000 mm　1/16　印张：15.75　字数：200千
书　　号：ISBN 978-7-113-29082-5
定　　价：88.00元

前　　言

如今是一个创新和创业的时代，国家为创业者提供了优质的创业环境。无数年轻人心怀向往，加入创业大军中，希望能创造出属于自己的一番天地。然而商业的本质决定了创业注定要在失败中迈向成功，所以创业路上注定是胜少败多。

成功可以复制，而失败也可以避免。例如，从马云创立的阿里巴巴可以总结出 10 个成功的条件，但却复制不出第二个阿里巴巴。但阿里巴巴在成长过程中遇到的问题，却是几乎所有创业公司都可能遇到的。如果创业者能够提前知道这些问题，就有可能避免，从而让公司走得更长远。

创业者其实有很多"恶习"，这些"恶习"在日常生活中，也许并不明显，甚至无足轻重。但如果带到创业过程中，却可能给公司带来致命的打击。例如，对相关法律法规不了解、不明白科学管理方法、异想天开做产品、没有融资规划、花钱不懂节制等，都可能成为"压垮"公司的最后一根稻草。

因此，创业者亟需一本工具书，提前了解创业过程中的常见问题及科学管理公司的方法。本书分为注册、财务管理、融资、运营四个模块，总结了创业路上的常见风险，融合了多个真实的创业案例，分享了多名企业管理者的真知灼见，采用简单易懂的叙述方法，将创业的理论技巧讲述给读者，以帮助创业者规避风险，获得长远发展。

作　者

目　　录

第 1 章
注册步骤：谱好开公司的初乐章

注册是成立公司的第一步，虽然看似只需照章办事，但其中却存在很多"陷阱"。如果创业者的注册工作处理失当，就很容易给公司的后期运营埋下隐患。

1.1 步骤一：材料准备，选类型、定名称

创业者注册公司之前需要准备好各种相关材料，如名称核准所需材料、工商注册登记所需材料等。除了开具一些固定的身份证明和资本证明外，最重要的工作就是确定好公司类型、公司名称。

确定公司的类型是注册公司的第一个步骤。根据《中华人民共和国公司法》（以下简称《公司法》）的规定，我国的公司类型有两种，即有限责任公司和股份有限公司。这两种公司类别除了名称有区别外，在经营范围、发起人数、所承担的责任、资金筹集方式、股份划分方式及股权转让条件等方面，也都存在不同之处。

有限责任公司的经营范围一般小于股份有限公司的经营范围。在发起人数方面，有限责任公司的发起人同时也是出资人，且出资人的数量限制在 50 人及以下。股份有限公司的出资人是公司的股东，但不一定是发起人，发起人数量在 2 人以上，200 人以下。而且发起人中有半数以上必须在中国境内有住所。

有限责任公司与股份有限公司的出资人都被称为公司的股东。但这两种不同类型的公司的股东，对公司所承担的责任的标准有所不同。前者按其认缴的出资额为依据对公司承担有限责任，后者则是以其认购的股份为依据。这也就意味着认缴的出资额或股份越多，所承担的责任就越大。

在资金的筹集方式方面，股份有限公司通过公开发行股票、公开募集资金的方式筹集资金，而有限责任公司只能通过股东发行债券或银行贷款的方式来筹集资金。关于股份划分的方式，股份有限公司是将公司全部资本等额划分成股份，而有限责任公司则是将公司的股份按照出资人的出

资额进行划分。在股权转让的时候，股份有限公司没有限制，股东可以自由转让，有限责任公司的股东想要转让股权，则需要公司半数以上的股东同意。

在我国，在公司的经营过程中，还有无限公司和两合公司两种类型。无限公司是指公司的发起人在 2 人及以上，并且这些发起人对公司的债务承担无限责任的公司类型。而两合公司则是指由 1 个以上的有限责任公司股东和 1 个以上的无限责任公司股东组成的公司。一般情况下，公司的经营权在无限责任股东手中。

确定了公司的类型之后，创业者接下来应该为公司取一个名称。公司的名称是公司的身份象征，是与其他公司构成相区别的标志。一个合适、合法的名称能够彰显公司的特点，能够帮助公司在以后的业务洽谈中进行得更加顺利。

《企业名称登记管理规定》第 6 条规定："企业名称应由行政区划名称、字号、行业或者经营特点、组织形式组成。"第 7 条规定："企业名称中的行政区划名称应当是企业所在地的县级以上地方行政区划名称。"

根据这两个规定，公司的名称一般由字号或商号、行业经营特点、组织形式、公司所在地的行政区划名称这 4 个部分组成。例如，大家所熟知的百度，其全称是北京百度网讯科技有限公司。"北京"是其所在地的行政区划名称，"百度"则是它的商号，"网讯科技"是它的行业特点，"有限公司"则是它的组织形式。由此可见，公司名称中最重要的就是其商号。

另外，由于公司名称是与其他企业相区别的标志，所以，在进行公司注册的时候，公司的名称与商标一样，不能出现重复现象。因此，在确定了公司的名称之后，还应对其进行查询，确保名称具有识别性。关于公司名称的查询，创业者可以在当地工商局官网中进行。登录当地工商局官网后，再进入"信用查询"界面，则可以查询当地所有已经注册过的企业名称。

公司的名称是外界了解公司的首要途径，可以说它起着门户的作用。因此，为了让公司名称能在公司经营中发挥更大的促进作用，创业者在为公司取名的时候，要注意 4 个原则，即公司名称与品牌、商标的统一性，原创、独特性，传播性，寓意性。

1. 统一性

一个公司要想得到长足发展，就需要具有较强的竞争力。竞争力从何而来呢？答案是从具有品牌效应的产品中得来。为了凸显公司的产品，增强公司的品牌效应，创业者可以考虑将公司的名称与产品品牌及产品商标统一起来。这样别人看见公司的名称，就会想起公司的产品，能够有效增强公司的竞争力。

2. 原创、独特性

小米手机风靡之后，有人模仿小米创立了小辣椒。但是，这家企业并没有像小米一样迅速崛起得到长足发展，而是很快退出了市场。其原因就在于这个企业无论是从产品，还是从公司的名称来看，都是在模仿别人，缺乏原创性。不仅让消费者很难记住品牌，还给其留下了"山寨品"的印象，自然无法超越原有品牌。所以说，具有原创性的公司名称非常重要，它代表了公司的"性格"。

3. 传播性

公司在发展的过程中要想发展壮大，就需要面对更多、更广的用户。所以，公司名称的传播性也是非常重要的一个方面。为了增强公司名称的传播性，公司名称就需要简单明了、易读易记，如"立白""老干妈"，这些名称既有形象性，又通俗易懂。

4. 寓意性

生意人都喜欢图个吉利，所以生意人在洽谈业务，寻找合作伙伴时，也会关注公司名称的吉利性。因此，创业者在为公司取名时，也要将这个因素考虑进去。一个美好寓意的名字，更容易吸引更多的合作伙伴。

1.2　步骤二：材料填写，审核相关信息

确定好公司的类型和名称之后，就是去工商局申请注册。创业者需要就公司类型填写注册资料。股份有限公司和有限责任公司的填写内容会存在一定差别。

1. 股份有限公司

公司名称、经营范围、法人代表、注册资金、出资比例、证件材料、公司的固定电话、股东电话，这 8 个方面是股份有限公司的填写注册资料中一定会涉及的。如果创业者拟定的公司名称已经过核查，那么可以直接使用。如果没有经过核查，创业者最好多准备几个备用名称，以防因重复或违规而导致名称不可以注册。

关于公司的经营范围要如实填写。因为新公司注册之后，工商局会不定期对其进行检查。如果出现经营范围不一致的情况，则会面临处罚的风险。而且，不同的经营范围，其所需要的许可证件也是不一样的。

法人代表是负责对外行使公司权利，并对此负有民事责任的人。这是一个很重要的角色，因此在填写注册资料的时候，需要填写清楚。

凡是在工商局注册过的公司，其信息都会公示在当地工商局官网的"信用查询"系统中。这既是对公司企业的监督，也是扩大公司企业知名度的一种方法。所以，为了扩大公司的知名度，也为了取得合作伙伴的信任，

创业者有必要详细填写注册资金、出资比例、公司固定电话、股东电话等信息。

另外，公司注册地址的房产证及房主身份证复印件（单位房需要在房产证复印件及房屋租赁合同上加盖产权单位的公章；居民住宅需要提供房产证原件）是需要提交的注册材料。股东的身份证原件也是必要的注册材料之一。

2. 有限责任公司

有限责任公司在注册时，所要填写的材料基本与股份有限公司类似。唯一不同的是，有限责任公司还需要填写一份发起人协议。由于有限责任公司的股份不是按照等额分配的原则划分的，所以，其股东的责任和义务是不明确的。在这种情况下，需要依据发起人协议来规定各股东的责任和义务。

大致而言，新公司注册的时候就需要填写以上材料。不同地区的工商局可能还会有更细微的要求。创业者在实际注册的过程中，根据工商局工作人员的引导操作即可。

填写好注册资料后，下一步就是提交注册资料。创业者在向工商局申请注册公司的时候，工商局会发放各种登记表格，如注册申请表，股东（发起人）名单，法定代表登记表，董事、经理、监理情况，指定代表或委托代理人登记表等。创业者需要按照要求，一一将这些表格填写好。

在向工商局提交注册资料的时候，一方面是提交以上提到的各种表格；另一方面还需要提交公司章程、核名通知、房租合同、房产证复印件等工商局指定的资料。提交完这些资料之后，并不意味着注册工作已经完成。工商局还需要对这些资料进行审核，待审核通过后，注册工作才算真正完成。所以，创业者还需耐心地等待工商局的审核。

1.3 步骤三：办理许可，特殊行业的营业许可

有些特殊的行业需要注册公司获得特定的资质或证照才可以开展相关业务。例如，互联网项目需要 ICP 牌照，化妆品行业需要存案查询、药监局合格证，销售手机的行业则需要 3C 资历许可证等。因此，在公司成立之前，创业者需要了解公司未来从事的业务需要哪些资质或证照，以及获得这些资质或证照的可行性、难度及需要满足的条件等。例如，申请 ICP 牌照需要公司实缴资本不低于 100 万元。根据这些条件，创业者需要在注册阶段做好相关准备与安排。

1.4 步骤四：领证刻章，公司的签名

注册资料提交的 15 个工作日后，创业者会收到审核结果。如果审核通过了，创业者就可以领取营业执照并为公司刻制公章，准备正式营业。

工商局会在审核结果出来之后，按照申请者预留的联系方式，向申请者寄送发放《准许设立通知书》。通知书上的内容包括领取营业执照的日期，以及办理营业执照所需缴纳的费用。申请者只需按照规定的时间去工商局缴费领取证件即可。

公司的印章包括公司公章、财务专用章、合同专用章、法人私章、发票专用章、其他股东私章、报关章、部门章等。其中，前面 6 种印章是任何一个公司都必不可少的，后面两种印章则可以依据公司的实际需要刻制。

需要注意的是，刻制公司公章、财务专用章、发票专用章之前，需要向公安局备案。待收到公安局发送的刻章密码后，方可刻制这 3 枚印章。

这 3 枚印章是公司的象征，代表着公司的权利。其中又以公司公章的效力最大。公司的税务登记、行政文书的签发、开具证明，都要加盖公司公章后才具有法律效力。

任何一个公司都会与银行有业务上的往来，而财务专用章就是用于此类业务的。公司在银行开具的凭据、支票、汇款单，都需要加盖财务专用章方可生效。合同专用章是公司在签订业务合同时需要使用的印章。对于创业者来说，为了减少印章遗失、滥用的风险，公司成立初期可以直接用公司公章代替合同专用章使用。

在公安局备案过的公司印章才具有法律效力。因此，公司管理者切不可乱用、滥用公司印章。最好将公司印章交由专门部门保管，将公司印章与公司管理者分离，并且明确印章管理者的职责。当需要用到公司印章的时候，遵循先签字后盖章的原则。

1.5 步骤五：税务登记，明确纳税资格

新公司一旦成立，就会涉及缴税、报税的问题，因此，创业者需要办理税务登记证。税务登记是指税务机关根据税法，对纳税人的经营活动进行登记管理的一项制度。它可以帮助税务机关了解纳税人的基本情况，防止漏管漏征，建立与纳税人之间正常的联系。依法进行税务登记也是企业的责任与义务。

税务登记证包括国税和地税两种，办理税务登记证所需要的材料有营业执照、公司公章、房产证、房屋租赁凭证、代码证书、验资报告、身份证。

准备好以上材料后，创业者就可以去税务局办理税务登记证。有些地

方的国税和地税登记是在一起的，只需办理一次即可，但有些地方是分开办理的。所以，创业者在申请办理之前，需要问清楚具体情况。如果规定是分开办理，创业者则需要带着以上 7 种材料分别到国税局和地税局办理税务登记。如今大部分地方都开通了纳税服务热线，如果创业者有不明白的地方，可以拨打 12366 进行咨询。

一般来说，税务登记证的办理流程分为三步，即申请办理，填写资料，领取登记证。首先，申请人携带以上提到的 7 种材料到税务局申请办理税务登记证。然后，工作人员会发放一份申请表。申请人按照表格填写要求，认真、真实地填写表格信息。填完表格后，工作人员会根据申请者填写的经营范围收取相应的工本费。目前已有少部分地方实行免费政策，具体缴费情况，申请人以当地的政策为准。最后，申请人需要等待材料的审核结果。如果审核通过，就可以在规定时间内领取税务登记证了。

注意，纳税人在领取《营业执照》之日起 30 日（含 30 日）内，应向税务机关申报办理税务登记，逾期办理的会被罚款。《税法》规定处 2 000 元以下罚款，情节严重者，将处 2 000 元以上 10 000 元以下罚款。另外，公司在办理税务登记证时，必须有一个会计，因为税务局要求提交的资料其中有一项是会计资格证和身份证。如果创业者创业资金有限，为了降低运营成本，可以先聘请一位兼职会计，这样既符合税务登记证的办理要求，又能减轻公司的财务负担。

1.6　步骤六：银行开户，应对日常经营收支

为了避免日后出现公司人格混同的情况，创业者切忌将个人账户与公司账户混为一谈。因此，新注册的公司需要开立一个基本存款账户，来办

理转账结算和现金收付及工资、奖金和现金的支取。按照规定，一家公司可以以一位法人代表的名义选择一家银行开立一个基本存款账户。

开立基本账户没有门槛限制，但申请开办时需要准备好相应的材料。其所需要的材料有以下 8 类。

（1）营业执照正本原件及两份复印件。

（2）企业组织机构代码证正本原件及两份复印件。

（3）税务登记证正本原件及两份复印件。

（4）股东身份证原件及四份复印件。

（5）法人代表身份证原件及四份复印件。

（6）公司公章、财务专用章、法人代表私章。

（7）租房协议（个人房需要房产证复印件，单位产权房需要在租房协议上加盖公章）。

（8）经办人身份证原件及四份复印件。

准备好以上材料后，经办人就可以携带材料去银行办理开立基本账户了。下面是开立账户的三个步骤。

1. 提交证明

对于不同性质的单位，所要求出具的具体证明是不一样的。全民和集体所有制工商企业，必须向银行提交其主管部门的证明及工商行政管理部门发放的营业执照；个体工商户则需要向银行提交工商行政管理部门发放的营业执照。

2. 填写申请书

银行会对申请者提交的证明进行审查。审查通过后，银行会发放基本账户开立申请书。申请人按照规定认真填写即可。填写完成后，需盖上公司公章然后交由银行工作人员审查。

3. 填写印鉴卡片

印鉴卡片是单位与银行事先约定的一种付款的法律依据。所以，申请人在填写印鉴卡片的时候，要盖上公司的公章和财务经办人员的私章。此后，银行为该公司办理结算业务的时候，会与印鉴卡片上的内容进行比对。如出现付款凭证上加盖的印章与印鉴卡片上的预留印鉴不一致的情况，银行则会拒绝办理付款结算业务，以免给不法分子留下可乘之机，能够切实保护公司的财产安全。

1.7　步骤七：商标注册，保护品牌"专用权"

历史上有很多著名的商标之争，如南北稻香村、加多宝和王老吉等。这些案件中双方都争执了数年，可见商标对公司的重要性。注册商标保护的是公司的品牌，公司拥有独立的品牌就能拥有持久的生命力。因此，创业者一定要给公司名称注册商标，以确保品牌的独一无二。

既然商标注册如此重要，那么应该如何进行商标注册呢？

1. 商标查询

为了确保自己将要注册的商标是独一无二的，创业者需要提前查询是否已有相同或相似的商标被注册过了。创业者进入国家商标查询系统官方入口即可进行查询。如"周住牌"和"雕牌"这样的商标名称，就属于相似的范畴。查询工作的意义在于降低审核失败的可能性，提高注册通过率。

2. 能否注册

一旦发现有一个相同或相似的商标存在，创业者要么放弃注册，要么重新策划一个商标。否则后续注册工作在审查中依然会被否决。像以上提到的"周住牌"，在商标注册的过程中便会遭到商标局的拒绝，而且这种行为也属于侵权行为。

另外，根据有关法律法规的规定，依法成立的公司，事业单位，社会团体，个体工商业者，个人合伙，或者与中国签订协议、与中国共同参加国际条约、按对等原则办理的国家的外国人或者外国的公司，才有申请商标注册的资格。因此，创业者还需判断自己是否属于这个范畴。

3. 准备资料

申请商标之前，申请人需要准备一些资料，其内容如下。

（1）如果是自然人申请，需出示身份证及递交个体工商户、个人合伙等经营主体的营业执照复印件。如果是公司申请，需出示公司营业执照副本及提供经发证机关签章的营业执照复印件。

（2）盖有单位公章及个人签字的填写完整的商标注册申请书。

（3）商标图样 10 张（指定颜色的彩色商标，应交着色图样 10 张，黑白墨稿 1 张）。注意，提供的商标图样必须清晰，便于粘贴，用光洁耐用的纸张或用照片代替，长度不大于 10 厘米，宽度不小于 5 厘米。商标图样方向不清的，应用箭头标明上下方，也可以准备电子格式的文件作为申请材料。

4. 提交申请

按照以上要求准备好申请材料后，创业者即可将材料递交商标注册局，并提出注册申请。根据商品的国际分类规则，《中华人民共和国商标法》共由 34 个商品类和 11 个服务项目类组成。创业者应按照类似商标和服务分类表的分类确定使用商标的商品或服务类别。

5. 等待通知书

申请提交以后，创业者只需耐心等待审核通知。一般情况下，提交申请后的 3 ～ 5 个工作日可以收到纸质的《受理通知书》。而且，每一个商标申请的受理回函上都有唯一的受理申请号，审查必须排号按顺序进行，任何情况下都不能提前受理。

6. 实质审查

实质审查则包括商标的相似性、重复性及意义性审查。因此，这个过程较慢，通常需要 6 ~ 8 个月才能得出审查结果。

7. 准许注册

如果申请注册的商标通过实质审查，也就意味着得到了商标局的注册许可。下一步，即将进入商标公示期。

8. 进入公示期

公示公告由商标注册局发出，公示时间为 3 个月。

9. 公示期无异议

如果申请注册的商标在 3 个月的公示期内，没有收到反对意见，商标局则会向创业者发放证书。

10. 接收注册证书

创业者接收到《商标注册证》，商标注册工作就圆满完成了。商标注册费为 600 元 / 类（限定本类 10 个商品 / 服务项目，本类中每超过 1 个加收 60 元；集体商标注册费 3 000 元；证明商标注册费 3 000 元）。

第 2 章
注册重点：严防注册"后遗症"

　　创业者除了要明确注册的基本流程外，还需要关注注册细节。正所谓细节决定成败，想要彻底避免公司注册的"后遗症"，还需要从小处着手，做好对细节的把控。

2.1　公司和个体工商户

公司和个体工商户是人们日常生活中经常听到的两个名称。一般人们习惯把写字楼里办公的叫作公司，把街边的商户叫作个体工商户，然而它们真的只是场地和人员上的区别吗？事实上，公司与个体工商户在申请注册、规模、税收、承担责任、优惠政策等方面有很多不同的地方。下面详细说明公司与个体工商户的区别。

1. 成立的法律依据不同

两者成立的法律依据是不同的。

（1）个体工商户依据《城乡个体工商户管理暂行条例》成立并规范其运行。

（2）公司依据《公司法》成立并规范其运行。

2. 成立条件不同

成立条件不同分为 3 类。

（1）名称不同

根据《公司法》第 8 条规定："依照本法设立的有限责任公司，必须在公司名称中标明有限责任公司或者有限公司字样。依照本法设立的股份有限公司，必须在公司名称中标明股份有限公司或者股份公司字样"。根据《中华人民共和国公司登记管理条例》第 11 条规定："公司名称应当符合国家有关规定。公司只能使用一个名称。经公司登记机关核准登记的公司名称受法律保护"。

个体工商户经营者的姓名可作为公司名称中的字号使用，但不得用"中国"等字词。个体工商户名称由行政区划、字号、行业、组织形式依次组成。个体工商户名称中的行业应当反映其主要经营活动内容或者经营特点，名称中的组织形式可以选用"厂""店""馆""部""行""中心"等字样，但不得使用"企业""公司"和"农民专业合作社"字样。

（2）投资主体不同

①公司的投资主体是法人。

②个体工商户投资主体只能是自然人。

（3）经营场所不同

①公司必须有自己固定的经营场所及从业人员。

②个体工商户没有限制。从事客货运输、贩运及摆摊设点、流动服务的个体工商户无须固定的经营场所。

（4）财务核算要求不同

①公司必须有健全的财务管理制度。

②个体工商户没有财务制度要求。

3. 权利责任不同

两者的权利责任是不一样的。

（1）法律主体不同

①有限责任公司和股份有限公司的法律主体是公司。公司是有法人资格的，有独立的法人财产，享有法人财产权。

②个体工商户的法律主体是个人，不具有法人资格。根据《中华人民共和国民法典》第56条的规定："个体工商户的债务，个人经营的，以个人财产承担；家庭经营的，以家庭财产承担。"

（2）债务承担责任不同

①公司债务承担的是有限责任，超过注册资金的债务可以申请破产。

②个体工商户债务承担的是无限责任，债务必须清还。

（3）经营期限不同

①公司营业执照经营期限比较长，经营范围可以变更。

②个体工商户经营期限比较短，经营范围不可以变更。

（4）缴纳税费不同

①公司通常要求必须有健全的核算体系，要有账目。交税是根据公司自己申报的收入来交税，有收入就交税，没有就不交税。

②个体工商户一般是税务机关根据其所在位置、规模、员工人数、销售商品等来估算销售额，然后再给定税，无论当月的收入多少，有无收入都要按定税金额来交税。

③公司的经营所得既要缴纳公司所得税，也要缴纳个人所得税，而个体工商户或个人独资公司的经营所得只缴纳个人所得税。

④公司按发票征税，经营所得环节一般采取核定征收或查账征收两种方式，而个体工商户或个人独资公司的征税一般采取定额定率征收。

（5）优惠政策不同

①公司需每个月做账和报税，可以享受税收优惠政策，而个体工商户不享受优惠政策，没有投资风险且不需要会计做账。

②公司可以申请一般纳税人增值税发票，而个体工商户只能申请小规模纳税人，即只能开具税率为 3% 的增值税发票。

（6）设立分支机构不同

①公司可以设立分支机构。

②个体工商户不能设立分支机构。

（7）名称转让不同

①公司的名称可以转让。

②而个体工商户的字号名称不能转让。

2.2　注册资金越多越好吗

自 2013 年颁布新《公司法》以来，新公司注册已经不存在注册额度限制的问题了。这也就意味着国家放宽了公司注册的要求，鼓励创业者开公司，自主创业的行为。虽然新《公司法》的规定降低了公司设立的门槛，但同时也为创业者的公司注册工作带来了疑惑。很多创业者认为注册资金的额度越多越能证明自己的实力，然而事实真的是这样吗？

目前的情况是 1 亿元能注册公司，1 元也能注册公司。

公司的注册额度在一定程度上反映了一家公司的实力。显然，注册额度越高，也就表示该公司的经济实力越雄厚。但在新《公司法》中，这两者之间并不完全呈正相关关系。因为在新公司注册的过程中，有注册资本，同时还有实收资本。虽然新《公司法》对注册资本没有限制，但实收资本会真实反映出公司实际的出资额。所以，妄想用高额注册资本夸大公司实力的做法是不可取的。

至于公司的注册额度与风险的关系，在某些方面，两者之间呈正相关关系。《中华人民共和国印花税暂行条例》规定，公司注册登记后，办理税务登记手续时还要缴纳注册资本（金）万分之五的印花税。而且公司一旦进入破产偿债程序，要以注册资金为限清偿债务。

总体来看，公司的注册额度并非越高越好。至于创业者应该填写多少注册资金数，则要根据创业者所从事的行业、行业的发展趋势，以及业务范围这些因素来确定。

2.3　验资需要准备什么材料

认缴制的出现，让创业者用 1 元钱也能注册公司。但是，创业者在提交注册申请时，依然需要出具一份验资报告。这是对公司实际资金情况的证明，也是创业者资产健康良好的证明。

进行验资时，创业者需要准备以下材料，并提交给会计师事务所。

（1）公司名称核准通知书复印件。

（2）公司章程复印件。

（3）投资人身份证或营业执照。

（4）银行进账单、对账单。

（5）公司住所证明材料。

（6）股东会决议及股东印章。

（7）其他所需材料。

可能对于不同地区，所要求提交的材料会有细微的差别，但总体上就是以上内容。

在验资的时候，还有以下两个方面的注意事项。一方面是关于货币资金出资；另一方面是关于实物出资。前者包括三个具体内容：第一，在银行账户中投入资金时，需要在银行单据"用途"一栏中注明"投资款"；第二，如果有多个投资方同时向银行账户投入资金，则需分别提供银行出资单据，包括银行的进账单与对账单；第三，实际出资人应与公司章程中所规定的投资人一致。

如果创业者选择实物出资的方式，第一，要保证投资人对所用于投资的实物拥有所有权；第二，确保用于投资的实物经过了专业化评估，并具有评估报告；第三，投资后需办理实物所有权转移手续。

创业者准备好以上材料后，即可进行验资工作。验资报告生成后，创业者就可以带着验资报告进行新公司登记。

2.4　所有权与经营权需要分离吗

所有权与经营权是每家公司的两种基本权利。所有权针对股东，是指公司是属于股东的，股东对公司拥有所有权。经营权针对法人和管理者，是指法人和管理者对公司的管理和运营情况负责，拥有公司的经营权。

而在现代企业制度中，尤其是在股份有限公司中，为了确保公司的运营效果，大多数公司基本上都实行所有权与经营权分离的运营模式。那么，在这两种权利分离的情况下，究竟谁拥有公司的所有权？又由谁来行使公司的经营权呢？这两种权利怎样分配才最合理？其实，不管在什么情况下，出资方，也就是公司的股东，永远都拥有公司的所有权，这是亘古不变的真理。

虽然股东拥有雄厚的财力，负责公司的资金来源，但事实上，股东并不一定拥有较为专业的公司管理运营知识和经验。而在现代企业运营管理的过程中，对经营管理者的专业水准要求非常高。而且，很多高校中都开设了企业管理运营的专业课程，这就培养了大量的专业人才，为企业提供了管理经营的合适人选。正是在这种情况下，公司的所有权与经营权分离才成为可能。

从另一个角度来看，大型股份有限公司的股东往往较多。如果让每一个股东都拥有公司的经营权，这显然会造成权力过于分散的局面，最终导致公司的运营管理效率低下。这对于公司的长期发展是有百害而无一利的。相反，让公司的股东组成董事会，然后聘请专业的管理人员管理公司的运营，这样就能保证公司的运营效率，促进公司的长远发展。

周毅是北京一家日用品生产公司的老板。这家公司是他爷爷一手创办的，后来交由他父亲打理。周毅的父亲年纪大了，公司就顺理成章地转交到周毅手中。对于这个家族企业来说，周毅既是所有人，也是公司的管理经营者。也就是说，周毅同时拥有公司的所有权和经营权。在这种情况下，公司的大小事情都是周毅一人说了算。

一次，周毅本来约好了一位大客户洽谈产品供应问题，但由于出差遇到了意外状况，耽误了行程，没能及时回到公司。而公司中又没人有权行使决策权，最终导致了这笔大生意成为泡影，给公司带来了重大的经济损失。

其实，像这样一个人说了算的企业有很多，但它们通常"富不过三代"，这就是由于所有权与经营权过于集中而造成的。

不可否认的是，当对所有权和经营权进行分离的时候，可能会出现管理经营者以权谋私的现象。但这毕竟是小概率事件，创业者不能"捡了芝麻丢了西瓜"。所以说，所有权和经营权分离更有利于使企业资源与管理者达到最优的组合，实现公司资产增值的目标。

2.5   注册地址与办公地址不同有什么后果

在公司经营的过程中，会无数次面临地址变动，如房租上涨、规模扩张、业务调整等。这时就会出现实际的办公地址与注册地址分离的情况。那么地址的调整会对公司造成影响吗？

《公司法》第 10 条规定："公司以其主要办事机构所在地为住所。"也就是说，公司的营业执照经营地址就是办公地址。工商局对公司进行检查时，也是以营业执照上的经营地址为依据的。除此之外，《中华人民共和国公司登记管理条例》（以下简称《公司登记管理条例》）明确要求经公司登记机关登记的公司住所只能有一个。由此看来，公司的注册地不能与办公地址分离。

《国家工商行政管理局对企业在住所外设点从事经营活动有关问题的答复》第 1 条规定："经工商行政管理机关登记注册的企业法人的住所只能有一个，企业在其住所以外地域用其自有或租、借的固定的场所设点从事经营活动，应当根据其企业类型，办理相关的登记注册。"第 2 条规定："依照

《公司法》和《公司登记管理条例》设立的公司在住所以外的场所从事经营活动，应当向该场所所在地公司登记机关申请办理设立分公司登记。未经核准登记注册，擅自设点从事经营活动的，应按《公司登记管理若干问题的规定》（国家工商行政管理局令第 83 号）第三十二条进行查处。"

事实上，《公司登记管理条例》对公司的经营场所并没有数量上的限制。因此，如果出现了公司注册地址必须与办公地址分离的情况，那么企业负责人及时按照《公司法》及《公司登记管理条例》依法对新的办公地址进行登记注册即可。具体来说，企业负责人有两种可供选择的途径：第一，变更工商登记，将公司的注册地址变更为经营所在地；第二，设立分公司，将经营所在地业务设立为分公司。

因此，当创业者在登记注册公司后，又发现了更合适的公司经营地址时，创业者可以放心地将公司迁移到新的办公地址。但是，在这个过程中，创业者应按照有关法律法规及时进行新的登记注册工作。

2.6　空壳公司省心，但不能不"上心"

新公司的登记注册并非一蹴而就的，相反，它需要经过一段较长的准备时间。所以，当创业者遇到较好的业务和项目，需要紧急成立公司时，可以去专门的咨询机构购买空壳公司。空壳公司，即现成公司。它是指没有实际运营团队，也没有实际运营业务，但却是依法登记注册过的公司。

关于空壳公司的历史，可以追溯到 19 世纪的英国。而且，这是依据英国公司法确立的一种公司法律形式。当时，有人根据英国的法律成立了一个有限责任公司。但是，这家公司中并没有董事，也没有投资者认购股。因此，这家公司只是一个形式上的存在，没有开展经营活动，也不会出现债权及债务。但一旦有了业务，需要公司时，公司秘书制作好相关的文件，在极短的时间内就能办理好相关事项。

正因为空壳公司有其存在的优点，所以，这种公司形式得到了推广，而且一直被沿用至今。如今，在英国、美国、新加坡及开曼群岛等地，空壳公司普遍存在。而且，它的存在在推动当地经济发展，以及为创业者提供方便等方面发挥了很大的作用。空壳公司虽然省心，但创业者在选择时一定要擦亮双眼，避免公司刚成立就背上巨额债务。

一般来说，空壳公司具备 3 个特点。第一，按照相关的法律法规进行过注册工作，已经做好了公章、招股说明书等法律所要求的文件。第二，没有管理团队，从来没有委任过董事。第三，没有业务，从来没有从事过实际经营活动。也正是有了这些特点，所以，空壳公司没有隐藏风险，购买者能够放心地买卖。

如果创业者遇到需要紧急注册公司的情况，不妨选择购买空壳公司。但需要注意的是，创业者在购买空壳公司时，需要查验以下证件：公司注册书、商业登记证书、公司章程、公司钢印、公司签名印、公司小圆章、公司招股说明书、法定记录簿、首任董事委任通知书，以及同意出任董事通知书和注册地址通知书、会计师核实文件。

2.7　规避代理注册机构的隐藏陷阱

创业公司的创始人一般都来自各行各业，他们可能是研发人员、销售人员或技术工程师，在财税方面很可能不具备优势。而且创业公司资金有限，很难有条件设置专业的会计机构。对此，创业者可以选择财务外包，将会计核算、记账、报税等工作委托给代理记账公司，公司只设立出纳人员，负责日常收支和财产保管。这样，一方面，可以提高公司资源的利用效率，集中资源在核心业务上；另一方面，公司可以最大限度地利用外包公司的专业技能，使公司利润最大化。

但是，代理注册公司的质量良莠不齐，创业者如何挑选一个可靠的代理注册公司呢？通过对假代理注册公司的特征进行总结，以及结合现实中出现的情况，归纳出以下 10 个辨别代理注册公司质量的实用方法。

（1）查看其工商营业许可证。没有工商营业许可证的代理注册公司一定是假冒公司，可以直接否决。

（2）查看其营业许可证上的具体内容。凡是名称为"×××咨询中心""×××咨询有限公司""×××顾问有限公司""×××投资有限公司""×××财务有限公司"，而不是"×××登记注册代理事务所"的，可以直接否决。

（3）查看其营业许可证上的注册地址与实际办公地址。如两者不一致，基本可以判断为假冒公司。

（4）查看营业许可证上的经营范围。如果没有注明"公司登记注册"的，则可以直接否决。

（5）凡是在工商局门口主动推荐，且没有固定电话的，这样的公司是不值得信任的。

（6）对于宣传广告上的代理注册公司，则要核实其实际办公地址是否与宣传地址一致。如不一致，则很有可能是"黑代理"。

（7）对于以个人名义承揽业务的代理注册公司要谨慎对待。《企业登记代理执业注册管理办法》规定："代理人员不得以个人名义执业，不得同时在两个（含）以上的代理机构执业。代理人员离开代理机构，《注册证》无效"。

（8）查看代理注册公司的代理员的代理证、身份证、学历证明。最好让对方出示证件原件。如果对方在此事上表现出犹豫的态度，则可以果断放弃这家代理注册公司。

（9）对于打着国家市场监督管理总局或地方市场监督管理局的名号，或专利代理机构名号的代理注册公司，要慎重对待。

（10）如果代理注册机构提出事先收取定金，那么可以肯定这是假冒公司，应果断放弃合作。

总而言之，创业者在选择代理注册公司时，要全方位对其进行了解。可以去网上搜索口碑较好、规模较大的代理公司。千万不要贪图便宜，而选择地理位置较偏、规模较小的公司。这样做的最终结果只会是竹篮打水一场空。

第 3 章

财务基础：聪明的创业者知道储备专业财务知识

　　有些创业者觉得财务工作交给会计来做就行，自己可以不用再学习财务知识。这种想法是错误的。虽然创业者不用像专业会计一样精通财务知识，但如果不了解基本的财务常识，很容易在进行公司整体决策时出错。

3.1　成本从哪儿降低

成本是指人们从事生产经营活动或为了达到某一目的，而耗费的资源的货币表现。它是商品经济的价值范畴，是商品价值的组成部分。创业者要想节约成本，就必须先了解成本产生的出处。

成本分为直接成本与间接成本。直接成本是指产品的直接生产成本以及直接计入成本中的费用，如产品生产的原材料、人工劳务费、场地费等。而间接成本是指产品的间接生产成本及间接计入成本的费用，如管理人员的费用、机器耗损费等。无论是直接成本，还是间接成本，它们都是从两个角度进行定义的，即成本与生产工艺的关系，以及费用计入生产成本的方式。

直接成本与间接成本的意义在于，通过对这两种类型的成本进行分析，能够帮助企业正确计算出产品成本，从而为产品标明一个合适的价格，既能保护消费者的权益，又能保证企业的获利。通常情况下，对于能直接计入产品的费用，都将之作为直接成本处理。为了保证间接成本计算的准确性，在计入间接成本的时候，其分配标准应与被分配费用之间具有密切的关系。

而且，企业可以在直接成本和间接成本的具体情况中找出企业运营的不足之处，然后有针对性地对之进行改正。如果发现产品较同行业其他公司来说，直接成本过高，则可以在产品原材料获取渠道及生产工艺等方面进行改进，从而降低成本，提高产品的竞争力。如果发现间接成本过高，则可以在提高管理效率等方面下功夫，进而降低成本。

3.2   什么是应收账款和应付账款

在公司经营的过程中常能听到两种账款名称，分别是应收账款和应付账款，那么它们各自是什么意思？又是如何计算的呢？

应收账款是与企业的销售活动同时产生的一项债权。它是指企业在正常经营的前提下，通过出售产品、商品或者提供劳务等业务，对方应该支付的款项。应收款项包括产品、商品、接受劳务方应负担的税金、各种杂费等。

一般来说，为了保证应收账款能及时到账，应收和应付双方会约定一个还款日期。而应付方应在约定的时间确认付款，应收方则需要在同一时间内对款项进行明细核算，然后确认收款。

可以说，应收账款是购买方占用销售方资金的形式。事实上，一个企业的发展离不开资金这一前提。所以，为了保证企业的正常经营及持续发展，销售方也应及时收回应收账款。如果遇到应付方拖欠账款的情况，可以采取合法措施进行催收。若遇到应收账款无法收回的情况，可以拿出相关证据按规定程序报批，做坏账损失处理。

应收账款周转天数是一个与应付账款周转天数相对应的概念，是指企业从取得应收账款的权利，到收回款项、转换为现金这一过程所需要的实际时间。显然，应收账款周转天数越短，说明流动资金的使用效率越好。对于公司来说，其应收账款周转天数越短，则公司的竞争力越强。

事实上，目前很多行业中都存在着信用销售的情况。因此，也就不可避免地形成了大量的应收账款。公司要想得到更好地发展，有效地将应收账款变为实际资金是非常关键的步骤。

应收账款周转天数的计算公式为：

应收账款周转天数 =360/ 应收账款周转率

= 平均应收账款 ×360 天 / 销售收入

= 平均应收账款 / 平均日销售额

应付账款是会计学中的知识，指企业应当支付但还未支付的手续费和佣金。主要用来核算企业因购买材料、商品和接受劳务供应等经营活动应支付的款项。也可以说这是一个企业产生的债务，其原因是买卖双方在购销活动中采取了先取得物资后支付货款的形式。简单来说，就是购买和支付款项这两种活动并非同时发生。

应付账款周转天数是指公司需要多长时间付清供应商的欠款。因此，又称平均付现期。这是一个属于公司经营能力分析范畴的概念。一般来说，应付账款周转天数越长越好，因为这能在短期内为公司提供充足的运营成本。而且，应付账款周转天数在一定程度上反映了公司的信誉情况及经营情况。显然，公司在行业内的信誉越好，经营状况越好，越有可能获得更长时间的应付账款周转天数。

应付账款周转天数的计算公式为：

应付账款周转天数 =360 / 应付账款周转率

应付账款周转率 = 采购额 / 平均应付账款余额 ×100%

= 主营业务成本净额 / 平均应付账款余额 ×100%

= 主营业务成本净额 /（ 应付账款期初余额 + 应付账款期末余额）/ 2 × 100%

3.3　账面价值和账面净值一样吗

很多创业者常把账面价值和账面净值看作同一概念，事实上它们是不同的概念。账面价值通常指资产类科目的账面余额减去相关备抵项目后的净额。而这里提到的账面余额是指某科目的账面实际余额，也就是指没有进行过备抵项目的扣除，如累计折旧、相关资产的减值准备等。而与之相关的概念账面净值，通常是指资产类科目的账面余额减去相关备抵项目。

账面价值根据公司类型的不同也有不同的分类，在股份有限公司中，账面价值也称股票净值。对固定资产来讲，账面价值 = 固定资产的原价 – 计提的减值准备 – 计提的累计折旧；账面余额 = 固定资产的账面原价；账面净值 = 固定资产的折余价值 = 固定资产原价 – 计提的累计折旧。

账面价值的计算公式为：

资产的账面价值 = 资产账面余额 – 资产折旧或摊销 – 资产减值准备

账面净值是指资产原值减去计提的累计折旧（或累计摊销）后的余额。账面净值的计算方式分为两种情况，第一种情况是针对固定资产而言的，其计算公式为：账面净值 = 固定资产原价 – 计提的累计折旧；第二种情况是针对无形资产而言的，其计算公式为：账面净值 = 无形资产原价 – 计提的累计摊销。

3.4 如何判断企业资产是否健康

财务数据能客观反映出企业资产是否健康，帮助创业者调整经营策略。其中，资产周转率和资产负债率是最常见的检测公司财务状况的指标。

资产周转率是衡量企业资产管理效率的重要财务比率，它在财务分析体系指标中占有重要地位。它是指销售收入和平均资产总额之比。在考察企业资产运营效率时，总资产周转率是一个很重要的指标。因为它能够体现企业经营期间全部资产从投入到产出的流转速度，能够反映企业全部资产的管理质量和利用效率。

对于一个企业来说，通过分析总资产周转率可以发现企业与同类企业在资产利用上的差距，从而能够促进企业提高资产管理质量，提高资产利用效率，最终促进企业的长远发展。从这一点上来看，资产周转率在企业发展中具有非常重要的意义。

资产周转率的计算公式为：

资产周转率 = 周转额 / 资产

= 总营业额 / 总资产值

= 本期销售收入净额 / 本期资产总额平均余额

其中，本期资产总额平均余额 =（资产总额期初余额 + 资产总额期末余额）/ 2

资产负债率是指有息负债与股东权益的比率，是用来衡量公司财务杠杆使用情况和偿还能力的指标。通过这一指标，能够看出公司资金主要来源于融资还是股东出资。资产负债率越高，说明公司资金主要来源于贷款或者是以债券的形式。同时也说明该公司有较大的还款付息压力，进一步使用财务杠杆的方式来举债的空间很小。

一般来说，如果企业的资产负债率在 50% 以下，则说明企业的偿还能力较强。反之，则说明企业的偿还能力较弱。至于资产负债率在什么程度算是合理，还需要参考同一行业中的其他公司的情况，以及公司的具体业务情况和所处的市场地位。

有形资产负债率的计算公式为：

有形资产负债率 = 负债总额 / 有形资产总额 ×100%

有形资产总额 = 资产总额 −（无形资产及递延资产 + 待摊费用）

3.5　投资与销售是公司盈利的两大抓手

投资与销售是为公司增加资产的两大利器，那么，要如何判断投资与销售创造价值的能力呢？创业者可以通过投资回报率和销售回报率来判断当前的投资项目与业务项目是否值得继续做。

投资回报率可以衡量投资活动所带来收益的大小。对于一个企业来说，投资回报通常是企业获利的一个重要来源。一个企业为了提高生产效率而购进先进的生产设备，这也叫投资。同样，企业购买债券、股票，这也是投资方式的一种。因此，投资可以分为实业投资和金融投资两种。

投资回报率的计算非常简单，而且根据对投资回报率的计算，可以为企业优化资源配置。一般来说，企业要想提高利润率，可以通过降低销售成本的方式来实现。投资回报率的计算公式为：

投资回报率 = 年利润或年均利润 / 投资总额 ×100%

销售回报率是衡量公司从销售额中获取利润多少的指标。它的计算基础是税后净利润和总销售额。通过对销售回报率的计算，可以帮助企业管理者提供是否需要更换销售管理策略的依据。如果销售回报率偏低，则说明公司的销售方式有待改进。反之，则证明公司的销售情况良好，公司的总体运营态势良好。

销售回报率的计算公式为：

销售回报率 = 税后净利润 / 总销售额

3.6　合理利用负债

熟知经济学的人都知道，一家完全没有债务的公司的财务状况可能并不理想。因为没有负债就证明公司只能动用自家资金，资金周转压力比较大，公司发展也会有很大的局限性。反之，如果一家公司能与银行合作，甚至得到了上市融资的资格，在偿还能力理想的情况下可以合理利用好负债，同时将负债转换成收益，就能借助银行、股民的资金发展壮大。

想要合理利用负债，创业者就要先明确一个概念，即财务杠杆。财务杠杆是指由于固定债务利息和优先股股利的存在，而导致普通股每股利润变动幅度大于息税前利润变动幅度的现象。因此，财务杠杆也称筹资杠杆或融资杠杆，它是一个应用非常广泛的概念。

如果强调财务杠杆是对负债的一种利用，那么可以将它定义为企业在制定资本结构决策时对债务筹资的利用。如果强调财务杠杆是通过负债经营而引起的，则可以将其定义为通过在筹资中适当举债，从而达到调整资本结构给企业带来额外收益的财务管理方式。在这种情况下，财务杠杆还有正负之分。如果负债经营能让企业的股利上升，称为正财务杠杆。反之，则称为负财务杠杆。

财务杠杆作用的大小用财务杠杆系数来表示，财务杠杆的作用与财务杠杆系数之间呈正相关关系。财务杠杆系数的计算公式为：

财务杠杆系数 = 普通股每股收益变动率 / 息税前利润变动率

3.7　三大报表看清财务现状

财务报表是公司财务状况及经营状况的会计报表，它可以客观反映出一段时间内公司的现金流状况、收益情况、负债情况等。创业者作为公司的总决策人和管理者，一定要学会看财务报表，以确保进行合理决策。

财务报表由现金流量表、损益表、资产负债表、利润表、财务状况变动表、附表组成，其中最重要的是资产负债表、现金流量表、损益表。

财务报表对企业有着重要作用，它通过揭示企业的财务状况、现金流量、经营成果，让企业管理者清晰地了解企业运营的状况，从而据此做出改变管理方式与否的决定。这不仅不会耽误企业的发展，还能提升企业的竞争力。

1. 资产负债表

资产负债表是指企业在一定日期（通常为各会计期末）的财务状况（资产、负债和业主权益的状况）的主要会计报表。它利用会计平衡原则，将合乎会计原则的资产、负债、股东权益，经过分录、转账、分类账、试算、调整等会计程序后，以特定日期的静态企业情况为基准，制作成一张报表。

资产负债表是簿记记账程序的末端，是经过了分录、过账及试算调整后的最后结果与报表。它体现的是企业全体或公司资产、负债与股东权益的对比关系，能够真实地反映公司的实际运营状况。资产负债表由两部分组成，即左边算式的资产部分，以及右边算式的负债与股东权益部分。

由于资产负债表是按照一定的分类标准，以及一定的次序排列编制而成的，因此，对于企业来说，这份报表能帮助企业进行内部除错、寻找经营方向、消除企业经营弊端。除此之外，它还能让企业管理者及外界清楚、明白地了解企业经营状况。

2. 现金流量表

现金流量表是企业在一定时期（一个月或者一个季度）内，其现金（包括银行存款）的增减变动情况表。也就是说，企业的经营、投资与筹资活动所产生的现金流入与现金流出，都能够在现金流量表中反映出来。因此，通过现金流量表，能够看出企业是否有能力应付短时期内的所有运营开销。

根据现金流量表，能够看出一家公司的经营状况健康与否。如果公司经营活动所产生的现金流不足以支付股利，也不能维持股本的生产能力，就说明这家公司的发展方式，或者运营状况出现了问题。

1987 年，财务会计标准委员会批准现金流量表正式生效。根据现金流量表中的资金用途，可以将其分为经营、投资、金融 3 种现金流量类型。现金流量表是一个分析工具，它能够分析公司的短期生存能力。与传统的损益表相比，现金流量表在对企业实现利润的评价，以及财务状况和财务管理方面，能发挥更直观的作用。

3. 损益表

损益表也称利润分配表或损益平衡表。它是财务报表的一种，其作用是用来反映公司在一定时期内的利润实现或发生亏损的情况。损益表的内容包括一定时期内公司的销售成本、销售收入、经营费用及税收费用。总之，公司在一定时期内所创造的经营业绩都是损益表中的内容。

损益表与其他财务报表不同的是，它是一张动态的财务报表。公司的经营管理者能够从损益表中分析利润增减变化的原因，从而为自己的经济决策，如公司经营成本的预算、投资的价值评价等找到依据。

损益表主要由利润构成及分配两个项目组成。如果将损益表中的利润分配部分单独提取出来，它就是一份利润分配表。

第 4 章
依法缴税：合理利用税收优惠政策

缴税是公司的一项重要义务。近年来，为激活中小企业获利，国家出台了很多缴税优惠政策。合理利用好这些政策，并对公司的管理做出调整，能减轻公司的税务负担。

4.1　发票齐全是减少税费的基础

公司在经营的过程中，如果在甲单位购进一批 10 000 元的货物，需要让甲单位开具 10 000 元的发票，这个发票称作"进项票"。如果公司又转手将货物卖了 20 000 元，则需要为买方开具 20 000 元的发票，这个发票就是"出项票"。而出项票额减去进项票额，就是公司赚的钱，也是公司缴税的税基。因此，如果公司想要少缴税费，就需要增加进项比例。

需要注意的是，普通的收据不能起到减税的作用。因为普通的收据随时随地都可以开具，不具有较高的可信度，更不具有法律效力，所以，税务机关并不承认普通收据。办公物品的购买、机器设备的购买、汽车的购买和维护等，对于一家公司来说，都是不可避免的支出。公司工作人员在购买这些设备的时候，应向卖家出示自己的身份，并索要符合税务机关要求的发票。一般来说，卖家为了少缴纳税费，不会主动开具专门的发票，而会选择开具普通的收据。但是，如果买家主动要求，卖家也会同意开具发票的。所以，公司采购人员一定要主动索要发票。

赵晔是北京一家私人教育机构的教务人员，他除了负责教育机构的排课工作和管理日常上课事务外，还负责教育机构教学用品的采购工作。他上大学的时候选修了法律课程，因此对税法知识比较了解。凡是由赵晔采购回来的物品，各种发票都非常齐全。所以，每当教育机构的财务拿着这些发票去税务机关缴税的时候，都能节省不少税费。

原来，赵晔给自己印了一套带有教育机构介绍的名片，并加盖上教育机构的公章。所以，不论去哪里采购物品，只要出示名片，就能开到齐备的发票。想要利用这种方式节税的企业，不妨学习一下赵晔的做法。

4.2　按时报税有效规避罚金

小王最近入职了一家公司，做会计工作。一个月以后，小王按照规定去税务机关报送预缴企业所得税纳税申请表。然而，税务机关的工作人员却让小王先缴纳 3 000 元罚金。小王听了后，表示很不解。因为她的工作都是按照法律法规的要求进行的，并没有违背规定的行为，怎么会产生罚金呢？

税务机关的工作人员告诉小王，这笔罚金不是这个月产生的，而是因为公司上个月未按时申报所致。小王缴纳完罚金，办理好申报后，带着罚金缴纳凭据回到了公司，并把凭据交给了公司负责人。负责人才意识到财务人员的交接工作没办好对公司有多大的影响。

公司人员流动是很正常的事情，然而，即使财务离职了，还是应该按时向税务机关递交企业所得税纳税申报表及缴纳税款。否则，就会面临罚款的处罚。这对公司来说，无疑是一笔损失。

《中华人民共和国企业所得税法》第 54 条规定："企业所得税分月或者分季预缴。企业应当自月份或者季度终了之日起 15 日内，向税务机关报送预缴企业所得税纳税申报表，预缴税款。企业在报送企业所得税纳税申报表时，应当按照规定附送财务会计报告和其他有关资料。"

《中华人民共和国税收征收管理法》第 62 条规定："纳税人未按照规定的期限办理纳税申报和报送纳税资料的，或者扣缴义务人未按照规定的期限向税务机关报送代扣代缴、代收代缴税款报告表和有关资料的，由税务机关责令限期改正，可以处 2 000 元以下的罚款；情节严重的，可以处 2 000 元以上 10 000 元以下的罚款。"

公司的管理者和人事部负责人都必须关注和重视财务人员的流动，一旦有财务人员提出辞职、调换的申请时，应及时开展招聘工作，补充空缺职位。如果短时间内没有招聘到合适的人员，就应该让财务人员在离职之前去税务机关提前缴纳税费及报送申报表，尽量避免给公司带来损失。

4.3　紧跟政策调整以避免罚款

为了让税务规定能适应新的市场发展，相关政策会经常变动。如果公司的管理者和财务人员不知道新的税款缴纳规定，就可能造成财务人员向税务机关递交的申报表、发票不符合规定的情况。而对于这种情况，公司会被处以 50 元以上 2 000 元以下的罚款。

事实上，当遇到这种情况的时候，并非没有补救的办法。而且，基层税务机关工作人员对于 2 000 元以下的罚款享有酌情权。所以，作为财务工作者，在遇到这种情况时，可以与税务机关的工作人员进行沟通。

但是，造成事件发生的原因是财务工作者对新政策疏于了解。因此，财务工作者与税务机关工作人员沟通的时候，态度要诚恳，要敢于认识到自己的错误，并表示改正错误的决心。否则，即使税务机关工作人员有权酌情减免罚款，也不会行使他的权利。

另外，事前做好充分的准备工作，其效果会更优于事后补救。那么，该如何进行事前准备工作呢？一般来说，可以提前与税务机关的工作人员进行沟通。也就是说，提前问清楚是否有税务规定上的调整、变动。若有，要了解具体变动的内容，从而有效避免错误操作情况的出现，降低给公司带来损失的风险。

4.4　技术入股增加营业成本

所得税是从公司的纯利润中征收的。也就是说，公司的营业所得减去所有营业成本后的部分需要依法向国家缴纳所得税。如果公司的创立者将自己所掌握的技术作价后入股公司，那么在计算运营成本的时候，就需要将这一部分资金计算进去。显然，这样就能增加营业成本，降低营业所得费用。

我国已经为技术入股设立了专门的法律法规进行支持。也就是说，技术入股是法律法规支持的，受法律法规的保护。《中华人民共和国公司法》以及国家科学技术委员会制定的《关于以高新技术成果出资入股若干问题的规定》中都有支持技术入股的相关内容。所以，技术成果的价值转化已经有了良好的前提保障。

事实上，很多公司的创立者同时也是公司核心技术的掌握人。他们之所以能创立公司，就是因为掌握了核心技术。也正是由于核心技术所带来的竞争力，企业才能在竞争激烈的市场中生存发展。因此，技术入股可以为公司节省一大笔税款。

4.5　坏账冲抵运营成本

在公司经营过程中，总会有一些无法回收的应收账款，也未必是一件坏事，因为它可以冲抵运营成本，从而节税。

无法回收的应收账款也称坏账。对于坏账的定义，不同性质的公司有所不同。例如，对于一些外企来说，两年及以上收不回来的应收账款就能列为坏账。而对于一些国内企业来说，三年及以上未收回来的账款算坏账。所以，当公司财务想要以坏账冲抵税基的时候，先要确定未收回来的应收账款是否属于坏账的范畴。

小李接了一单业务，内容是为一位京东平台上的卖家优化店铺设计。这是小李最为擅长的工作，所以他很快按照客户的要求完成了工作，客户也对小李的工作成果非常满意。但是，到了支付费用的时候，客户却找各种理由拖欠，最后干脆表示自己没有赚到钱，所以支付不了费用。

小李非常生气，没想到会遇到这样不讲信用的客户。不过值得庆幸的是，小李听取了妻子的建议，在签订合作合同的时候，收取了 60% 的定金。妻子还告诉他，这笔费用如果作为坏账处理，能冲抵运营成本，让公司少缴税费弥补一定的损失。这样看来，虽然遇到了不讲信用的客户，但好在并未给公司带来多大的财产损失。

因此，如果公司在经营的过程中不幸遇到了不讲信用的客户，或者遇到合作方破产的情况，创业者也不用过于担心。只要有合作合同，那么过了两年或三年后，这笔费用就能计入公司的运营成本。这也说明，公司在与业务方进行合作的时候，一定要签订合作合同。否则，最终就会形成死无对证的局面，坏账也不能成立。

4.6 租赁场地和设备可降低税基

小海是一名室内设计师，开了一家室内设计工作室。因工作室的规模较小，为了节省费用，小海将自己的一套三居室改为了办公场地。经过一番设计和装修后，办公场地十分有"设计感"，小海还为省下一笔不菲的房租而高兴不已。

然而，当工作室运营了一段时间以后，小海去税务局缴税的时候，却听闻一个"噩耗"。因为小海所要缴纳的税款大大超出了他的预想，缴纳完税款后，小海粗略地算了算，除去人工费、物料费等各种运营费用及税款后，几乎没有利润了。

事实上，很多开公司的新手，都遇到过类似小海这样的问题。其实，像小海这种情况，可以通过租赁办公场地来减少税款的支出。小海用自己的房屋作为办公场地，看似节省了一大笔租赁费用，实则导致他缴纳更多的税费。

如果小海选择租赁办公场地，那么这笔租赁费用就可以计入运营成本中。按照税法的规定，在缴纳税费的时候要先减去公司的运营成本。显然，这个时候税基就会降低，所要缴纳的税费自然就减少了。

另外，租赁办公场地这种做法还可以让更换办公场所更加容易。由于办公场所是租赁的，所以，在公司经营的过程中若发现办公场所的区域位置不方便，可以及时进行更换。相反，若用自己的房子作为办公场地，即使区域位置不便利，也不能轻易更换。

从另一个角度来看，用来租赁的办公场所一般都是公司的集中地。这种地方的工作气氛浓厚，工作效率也会更高。在这种地方开设公司，尤其是新公司，还能学习他人的管理经验，加强公司的企业文化建设。

除此之外，创业者还可以租赁大型机器设备。由于大型机器设备的价格比较昂贵，如果创业者选择购买，一方面会给自己带来巨大的资金压力，另一方面则会让自己缴纳更多的税费。所以，不论从哪一方面来看，租赁大型机器设备都是一个不错的选择。总之，对于一个新公司来说，能够租赁的，绝对不要购买。否则，从长远来看，就是在增加自己的运营负担。

4.7　慎重签约避免印花税

小张是张氏陶艺店的老板。小张制作的陶器精致、美观，所以都能卖出不菲的价格。随着客流量的增多，小张一个人已经难以应付店内事务。所以，小张聘请了几位员工，分担自己的工作。小张依法与他们签订了劳动合同，并向税务部门进行了申报。

然而，过了一段时间后，小张发现合同中有些条款不太合理。为了保障大家的权益，于是他决定将之前的合同作废，再重新签订一份劳动合同。小张之后又将新签订的合同向税务部门进行了申报。

月底，小张在核算自己的营业收入时，发现税务部门竟然向自己征收了两次印花税。小张感到不解，来到税务部门进行咨询。税务部门的工作人员告诉他，因为他提交了两次劳动合同申报，所以征收了两次印花税。

有些企业领导比较善变，总是将签订过的合同轻易作废，修改之后重新签订。殊不知，这种行为会增加公司税款的缴纳，给公司带来不必要的支出。印花税是保障合同具有法律效力的税种，因此，当合同作废之后，印花税也就失去了法律效力。如果再签订一次合同，就需要再缴纳一次印花税。所以，为了降低税费支出，创业者切不可轻易将合同作废。

4.8 分离生产与销售环节

北京顺义区是全市重要的现代制造业基地，北京现代、北京汽车等多家知名汽车制造企业均聚集在此。顺义区的汽车年产量和销量巨大，每年缴税近百亿元。由此可以看到，汽车企业的税费是一笔巨额的支出。为了降低税费支出，企业有必要重新设置企业的生产、销售流程。其中最重要的是将生产与销售环节分离开来。例如，企业先找到一家专门的销售公司，将产品销售给销售公司，再由销售公司进一步销售产品。不论是将产品卖给经销商，还是将产品卖给客户，这些工作都交由销售公司完成。

对于大型产品生产企业来说，设置一个合理生产、销售流程对企业节税有很大帮助。实际上，企业在生产产品的环节中已经缴纳了消费税。因此，当企业将产品销售给销售公司的时候，不需要再缴纳消费税。在这种情况下，让销售公司分销产品能有效减少企业消费税的缴纳。毕竟在企业经营的过程中，其价值链主要包括生产和经营两个环节，在这两个环节上节省税费也是最容易见成效的。

4.9　年底发放双薪可减少个人所得税支出

我国的个人所得税实行阶梯征税制原则，收入越多，所要缴纳的税费也就越多。并且其征税范围包括员工当月所得的福利。也就是说，过节费会增加员工当月所要缴纳的税费。

现在很多企业不会在逢年过节的时候发放过节费，但是会在年终的时候发放双薪。而个人所得税的政策规定，年终双薪可以单独作为一个月的工资薪金计算个人所得税。这样一来，当月的工资不会增加，个人所得税税费不会变多，但是总体收入却增多了。对于企业来说，既表现了对员工的关怀，又不会增加员工的税费负担。显然，员工对这一制度会更满意。

公司之所以推出各种福利制度，其目的就是让员工满意，激发员工的工作热情。所以，创业者要切实站在员工的角度设置福利，让员工高兴，才能起到激励的作用。

4.10　公益捐款减少税费

2022 年的北京冬奥会建设了很多专业场地和设施，这背后离不开众多企业的捐赠。对于这些参与捐赠的企业，国家规定他们所捐赠的资金都不计入所得税税基范围内。也就是说，这些企业因支持国家的公共事业而捐款，同时能少缴纳一大笔税费。可以说，这是一件好事，既增强了企业的社会责任感，还能减轻企业的税款压力。

我国对公益性捐赠有着明确的税收优惠。《中华人民共和国企业所得税法》（以下简称《企业所得税法》）第9条规定："企业发生的公益性捐赠支出，在年度利润总额12%以内的部分，准予在计算应纳税所得额时扣除。"《中华人民共和国企业所得税法实施条例》第51条规定："企业所得税法第九条所称公益性捐赠，是指企业通过公益性社会组织或者县级以上人民政府及其部门，用于符合法律规定的慈善活动、公益事业的捐赠。"

但是，对于超出标准的公益性捐赠支出，还是要征收所得税的。只有一些特殊事项可以将企业的全部公益性捐款都纳入免税范畴之中，如汶川地震重建、北京奥运会和上海世博会等事项。

当然，如果企业的捐赠不属于公益性质，则不享受免税的优惠。所以，企业若想通过公益捐赠这种方式达到节税的目的，必须确保自己所进行的捐赠活动属于公益性质。否则，即使付出了金钱上的代价，也不能享受税收优惠。对于小型公司来说，只会加重自己的资金负担。

一般来说，企业向国家税务机关认可的渠道和单位进行捐赠，并在捐赠之后索要符合税法规定的接受捐赠的专用收据，在缴税的时候向税务机关出示收据，就能享受税费优惠政策。

2021年重阳节，北京市社会福利企业协会以"关爱老人，回馈社会"为主题，推出了"献爱心慈善一日捐"活动。活动开始后，北京市多家企业积极参与。其中有一家纺织企业向这个福利企业协会捐赠了300万元，并领取了捐赠收据。到了缴税的时候，该纺织企业出示了这份捐赠收据，但被税务机关告知，这份收据无效，不能享受税费优惠政策。

　　原来，这个社会福利企业协会并不在《中华人民共和国公益事业捐赠法》规定的基金会、慈善组织等公益性社会团体的范畴内。而且，纺织企业领取的捐赠收据也不属于公益性捐赠收据。所以，这只能算是纺织企业自身的捐赠行为，不能享受税费优惠政策。

第5章
人力资源管理：公司发展的重要保障

人力资源管理是指公司一系列管理政策及相应的管理活动。运营公司是一件细水长流的事，创业者要学会用制度管人，流程管事。因此，进行人力资源管理是公司发展的重要保障。

5.1　5 种组织架构，总有一种适合你

公司常见的组织架构形式有 5 种，分别是直线制、职能制、区域制、事业部制和矩阵制。

1. 直线制

直线制组织架构是以直线为基础，在各级行政负责人之下再设置相应的职能和岗位，并从事相应的管理工作，能够实现主管统一指挥，并且与部门参谋、指导相结合，这是在现实生活中运用最广泛的一个组织形态。

直线制是最简单的一种组织形式，也是使用最早的一种组织形式，最大的特点就是公司各级行政单位能够从上而下地实行垂直领导，下属部门只接受一个上级发出的指令，而各级主管对所属单位的一切问题都有责任。厂部不会设置职能机构，一切的管理职能基本上都是由行政主管来执行的。图 5-1 所示为直线制组织架构。

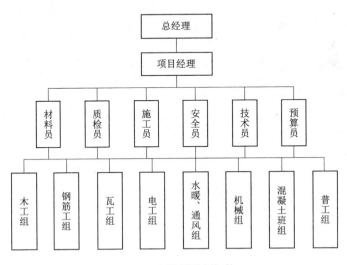

图5-1　直线制组织架构

从图 5-1 中可以看出，直线制结构组织有着清晰的管理结构，每一个主管需要负责的对象都比较清晰明了。比如，材料员、质检员、施工员、安全员、技术员、预算员都归属于项目经理管理，而项目经理又需要接受总经理的管理。

乐百氏在刚创立的时候，规模还比较小，采用的就是这种直线制的组织形式。在那个时候高层人员和普通员工都能建立起深厚的感情，公司的凝聚力也比较强，公司也因应用了这种直线制的组织架构得到了快速稳定的发展。后来随着公司逐渐发展壮大，这种组织架构也发生了改变。

显而易见，这种直线制的组织架构具有的优点是管理结构简单，而且责任分工明确，在反应上也更加灵活，但是对管理人员有较高的要求，如掌握更多的专业知识和技能等。而且事事亲力亲为使得管理人员的任务加重，特别是对于一些比较复杂的业务，所有的管理职能都会集中在最高主管一个人身上，这显然很容易导致决策的失误。

2. 职能制

职能制组织架构是指除了主管负责人外，各级行政单位还应设立一些职能机构，如在厂长下面设立职能机构和人员来协助厂长完成各种管理工作。职能制结构能够促进组织深层次技能的提高，因此，它适用于公司向专业方向发展。

职能制组织架构又称为 U 形组织架构或者是多线性组织架构，职能制是法国科学管理专家亨利·法约尔在其经营的煤矿公司担任总经理时，所创立的组织架构形式。它是按照职能来进行组织部门的分工，从公司的高层到基层，把相同职能的管理业务和人员组合在一起，从而设置相应的管理部门和管理职务。

职能制组织架构的要求是，行政主管需要把管理的职责和权力交给相关的职能机构，这样就可以让各个职能机构拥有在自己的业务范围内向下级单位发号施令的权力。因此，下一级的行政负责人除了要接受上级指挥外，还需要接受上级各个职能机构的领导。

职能制的优点是人员灵活性比较大，因为每个职能部门的职责明确，所以，公司的项目可以清楚地从各个职能部门中抽调所需的专业技术人员，不会发生临时抽调不知道从哪个部门选人的情况。另外，专业技术人员都属于同一个部门，这有利于他们进行知识和经验的交流。对于专业技术人员来说，晋升途径也比较顺畅。

但是职能制组织架构的弊端也是显而易见的。公司想要完成一个比较复杂的项目，通常需要多个职能部门进行合作，这就造成了各个职能部门各自为政的局面。在这种组织架构下，每个部门的焦点不是项目的总目标，而是项目中与自身利益直接关联的问题。这样会导致那些利益之外的问题遭受冷落，从而使项目得不到足够的支持。

3. 区域制

区域制组织架构也叫直线职能制或者直线参谋制，它是在直线制和职能制的基础上，吸取两者的优点而重新建立起来的一种组织架构。如今，大多数公司都是采用这样的组织架构形式，这种组织架构具有责任明确的特点，并且能够满足公司的特殊需求。

区域制组织架构形式主要把公司管理机构和人员分成两类：一类是直线领导机构和人员，按照统一命令的原则发出指挥；另一类是职能机构和人员，按照专业化的原则，负责各项职能管理工作。直线领导机构和人员在一定职责范围内，拥有决定权及指挥权，并且对自己部门的工作承担全部责任。而职能机构和人员则是直线指挥人员的参谋，不能直接发布命令，但是可以进行业务指导。

区域制既能保证公司管理体系的集中统一，又能够在各级行政负责人的领导下，充分发挥各个专业管理机构的作用。但这种组织架构形式还具有一定的缺点，即职能部门之间的协作性和配合性比较差，职能部门的许多工作都需要直接向上级领导请示才能完成，这加重了上级领导的工作。另外，这种模式也很有可能导致办事效率低下。

某精细化学品有限公司自成立以来，一直从事精细化学品的生产经营，在经过改制之后，公司发生重大改变。目前的组织架构模式是典型的区域制模式，但是该组织架构模式在一些方面仍存在一定缺陷。

该公司的组织架构对公司战略目标的实现有一定影响。例如，公司决策速度比较慢，使得决策不能高效落实，并且还会存在多种冲突。公司对外界的感知能力也比较差，因此，不能对外界环境做出适度反应。公司内部资源利用不足，导致设备和人员阶段性闲置并且工作不饱和，从而使得组织资源配置不合理。除此之外，该公司在运营模式上还存在着多种问题。

该公司为了改变这些不合理的情况，进行了一系列改变，如建立简化的组织架构，明确各个岗位的工作职责，以分层的形式将项目落实到具体的工作中，提高管理人员的能力，并安排合格的管理人员任职。这些优化工作帮助该公司更好地适应外界环境变化，并且增强了公司的竞争力。

4. 事业部制

事业部制最早由美国通用汽车公司总裁斯隆在 1924 年提出，因此，又称"斯隆模型"或者是"联邦分权化"，这是一种权力高度集中的分权管理体制，国外一些较大的联合公司常采用这种组织架构，这些年来也逐渐引入国内。

事业部制的主要特点是分级管理、核算及自负盈亏。一家公司按照产品类别或者是区域能够分成许多个事业部，而产品从设计到采购、制造、销售都是由事业部及所属工厂管理并独立经营，因此，公司总部只需保留人事决策和监督的权力，通过利润等内容对事业部进行控制。

美的电器使用的是这种事业部制的组织架构，美的电器按照产品的类别建立了事业部，并对总部和事业部的职权进行明确，给事业部一定的权力。这也使得业务单元完全释放了经营活力，并且成效比较明显。

5. 矩阵制

矩阵制在组织架构上，既有按照职能划分的垂直领导系统，又有按照产品划分的横向领导关系结构，因此被称为矩阵制组织架构。矩阵制是为了改进区域制横向联系比较差，缺乏弹性的缺点而形成的一种新型组织架构，能够支持资源共享，适应频繁的变化环境。

矩阵制组织架构模式具有灵活、高效的特点，帮助公司实现资源共享及组织内部沟通的优势，能够适应多元化的市场情况。从公司运营的角度来看，矩阵制有三个方面的优势：一是能够使人力资源得到更充分的利用，二是使工作效率显著提高，三是使员工得到综合锻炼。

从提高公司的竞争力来看，矩阵制结构具有良好的前瞻性和扩展性。随着公司的不断发展，会进入新的产品和竞争领域，这时需要一种扩展的组织架构来适应公司发展。面向产品市场设计出的组织架构还具有强烈的市场导向性，不同的产品进入不同的市场，就要使用不同的经营方式，才能避免集团市场策略的一般化和简单化。在矩阵制组织形式下，经营目标的制定和执行都比较简单，也具有一定的针对性，便于公司总体目标的实现。

当然，矩阵制组织架构还存在一定的不足，比如管理框架节点较多，致使管理成本增加。人力资源如果紧张，人员的素质跟不上就会导致区域机构管理不完善。而各业务线节点工作量的不均，还可能导致局部人力资源的浪费。

在实行矩阵制结构的时候，应该注意提高公司职能部门的决策水平，这也是采用矩阵制管理的前提。矩阵制会使得组织内部的沟通量大大增加，公司为此付出的管理成本也会增加。如果总部的决策水平不高，那么就难以克服这种缺陷，反而更容易增加公司的成本。

5.2　胜任力模型如何助力招聘

李朝辉早早地来到了公司，因为这是他第一天上班，所以他想给公司负责人及部门负责人留下一个好印象。办理完入职手续后，人事部门的一名同事送他到了他应聘的部门，并将他介绍给了部门经理。部门经理热情地接待了他，又将他介绍给了所有的同事。李朝辉觉得一切都是那么顺利，心想这是一个好的开始。

安排好办公座位后，部门经理开始给李朝辉分配任务。该公司是一家互联网公司，主要做体育类 App 的开发。鉴于李朝辉是新来的员工，部门经理给李朝辉派了一份相对轻松的工作——调试其他同事开发出的 App。然而，李朝辉用了 3 天还没有完成任务，而其他专业技术人员只需一天就能完成。结果李朝辉还没过试用期就被解雇了。

显然，负责面试的工作人员在面试李朝辉的时候，并没有很好地了解李朝辉的工作能力。那么，具体该如何了解应聘的工作能力呢？事实上，对于不同行业的公司，它对应聘者能力的要求是不一样的。例如，销售类公司需要口才较好、心理素质过硬的应聘者；软件开发公司需要计算机专业能力强、动手能力较强的应聘者；而广告策划类公司则需要美术功底较强、创意丰富的应聘者；教育类公司则需要有爱心、有耐心的应聘者，等等。

所以，要想了解应聘者的工作能力，面试者先要对公司所招聘的岗位有一个清晰的认识。然后，根据公司的行业属性，以及所招聘岗位的具体要求，建立胜任力模型，并设计能考核出这些能力的问题。

以广告策划类公司为例，假如有一个广告策划公司需要招聘一名广告创意策划人员。那么，通过分析这个岗位的特点，就可以列出该岗位需要的技能有：美术功底、Photoshop 技术、平面设计技术、创新能力、学习能力、沟通能力、应急应变能力。然后，根据这些技能要求设计出问题，具体如下。

（1）你所学专业是什么？毕业于哪一所学校？有无代表作品？

（2）你看这幅图是否经过 Photoshop 处理？如果没有，应该如何进行 Photoshop 处理？

（3）你看这幅设计图的色彩搭配是否合理？如果不合理，应该怎样修改？

（4）如果让你为加多宝设计一则广告，粗略地谈谈你的想法。

（5）你所了解的广告策划行业内的最新消息或最新技能是什么？

（6）由于有一位同事临时有事，所以公司将他的工作转交给你完成，你会如何与他对接？

（7）你为客户设计的广告马上就要到了提交阶段，但客户临时提出修改意见。遇到这种情况，你会如何处理？

通过向应聘者提问以上极具针对性的问题，可以充分了解应聘者的工作能力。除此之外，负责面试的工作人员还可以留出一些时间让应聘者提问，通过听应聘者的提问来了解应聘者的性格及工作能力。因为从心理学的角度来看，应聘者所提出的问题，一定是他们最为关心的问题。而应聘者所关心的内容，可以反映出应聘者的思维特点及对公司的态度等方面的内容。

5.3　招聘渠道与广告设计

　　招聘的质量与招聘渠道的选择和招聘广告的吸引力有很大关系。选择正规且正确的招聘渠道并且设计有吸引力的招聘广告，才能为公司网罗到合适的人才。

1. 招聘渠道

（1）网络招聘

　　信息技术的发展，为招聘工作提供了极大的便利。如今，越来越多的求职者通过互联网来找工作。与此同时，也就有越来越多的公司开通了网络招聘的途径。有媒体曾经做过一项调查，他们向 7 000 名求职者发出了关于招聘信息获得渠道的问卷，统计结果显示，这 7 000 名受试者中有 53.7% 通过网络途径来获取招聘信息。

　　事实上，不论是对招聘公司来说，还是对求职者来说，网络招聘都是一种效率高、费用低的招聘或求职方式。由于选择网络招聘的用户数越来越多，所以，网络招聘平台也不断涌现。目前，较为常见的网络招聘平台有6 个，即智联招聘、中华英才网、前程无忧网、58 同城、猎聘网、赶集网。

（2）校园招聘

　　除了网络招聘外，校园招聘是第二种能在短时间内招聘到大量优秀人才的招聘方式。狭义上的校园招聘，是指企业在各高校内组织的招聘会。而广义上的校园招聘，则是指企业通过各种方式招聘应届毕业生的招聘形式。我们在此所说的校园招聘，则主要是针对狭义上的校园招聘而言的。

　　众所周知，高校是人才荟萃的地方。因此，通过校园招聘，往往能较容易招聘到各类所需要的人才。当然，对于公司来说，要组织一场校园招聘会，也并非一件容易的事情。那么，这种狭义上的校园招聘工作该如何进行呢？一般来说，可以分为以下四步。

第一步，确定公司所需要的人才类型和岗位数量。因为每个公司所属的行业类型不一样，所处的发展阶段不一样，公司的规模不一样，所以公司所需要的人才类型和数量也是不一样的。因此，不论是哪一家公司要开展校园招聘活动，都要先对自身进行明确的定位，包括公司所需的人才类型，以及所缺岗位的数量。明确了这些前提条件后，招聘的过程才能更有针对性。

第二步，联系高校。校园招聘虽然是由企业发起的，但面对的对象是所有即将毕业的在校学生，地点也是在校园内。而校园是一个相对封闭的地方，因此，企业要进行校园招聘活动，还需要提前联系校方，取得校方的同意和支持。一般情况下，只要是正规企业，按照正常的流程联系校方，都能获得同意。因为就业率也是衡量一所高校质量的标准之一。

第三步，布置招聘现场。企业征得校方的同意后，就可以开始着手招聘会的现场布置工作了。如果校方提供了专门的活动场所，企业基本上只需要在活动场所内张贴上企业的宣传横幅、宣传海报、岗位介绍等就可以了。但是，如果校方没有提供活动场所，就需要企业在校园内寻找一处合适的活动场所。毕业季一般在 6~7 月，天气比较暖和，所以，即使将活动场所选在室外，影响也不会太大。但如果招聘活动在冬季开展，最好选在室内。

第四步，召开宣讲会。为了让更多的学生知道有关招聘会的消息，也为了吸引更多学生参加招聘会，为企业提供更多的选择，所以，在招聘会正式开始之前，企业需要进行一系列的宣传活动，如在校园官方网站上发布消息、在校园的显眼位置张贴海报等。宣讲会是招聘活动正式开始之前的预热环节。宣讲的内容就是关于公司的介绍、公司未来发展规划、公司对人才的需求等方面的内容。设置这一环节的目的在于，让求职者更深入地了解公司，为进入公司工作做准备。另外，也是为了调动整场招聘会的气氛。基于此，宣讲者最好选择对公司了解深刻，有深厚感情，且发言流畅的人。否则，学生们可能会因为宣讲会的质量不佳，对公司留下不好的印象。

2. 广告设计

近年来，随着求职者就业观的改变，盲投、散投的现象越来越少。越是高水平的求职者，申请工作就越认真，因为与其浪费时间在一个不合适的工作机会上，还不如做些更有价值的事。

公司的时间和资金成本都有限，招聘过程需要规避掉那些与需要的条件严重不符的求职者，以免浪费双方的时间。所以，招聘广告的设计全面准确，具体需要注意以下 4 点。

（1）精准定位，突出吸引力

大公司行业背景、薪资待遇、工作环境上有着绝对的优势，而小公司操作灵活、门槛低也能吸引一部分求职者。企业需要针对公司的特点设计招聘广告，重点突出差异化和针对性，放大自己的优势。

（2）合理的关键词布局

求职者在浏览招聘信息时常会借助一些关键词进行检索，如行政＋双休、销售＋提成、五险一金等。这些关键词可以帮助求职者节约时间，所以，各大招聘网站也会有相应的检索功能。企业在设计招聘广告时一定要注意标注正确的关键词，否则求职者很可能找不到创业者发布的工作信息。

（3）避免过度包装

过度包装是一些小公司在招聘时常会犯的错误之一，创业者在招聘信息中夸大描述公司的状况和岗位待遇，会给求职者带来过高的期望值。求职者在应聘过程中发现实际情况与自己的预期不符，自然不会留下来。这样的做法无疑会严重折损公司形象，降低公司在求职者心中的评分，给后续招聘带来更多困难。

（4）内容具有一定的销售导向性

发布招聘广告在本质上与销售有异曲同工之处，因为企业需要推销、说服候选人，这是一个他们不容错过的工作机会。因此，在工作描述中至少要有一个因素能引起求职者的关注，如工资高、环境舒适、交通便利、假期多等。

5.4　如何组织一场成功的面试

招聘不是简简单单为公司招来几名员工即可，而是要针对公司的发展战略，为公司寻找能促进公司发展的人才。基于这个目的，不论是选择哪种招聘途径，都应该有严格的配套面试流程作为辅助。目前较为常见的面试组成是"初试＋复试"的形式。

初试和复试都可以包括笔试和面试两大环节。但是，一般初试是以笔试为主，面试为辅；而复试是以笔试为辅，面试为主。所谓笔试，就是让应聘者书面答题，题目是与应聘者所要应聘的岗位相关的知识。而面试是公司负责人面对面地与应聘者接触，通过提问的方式了解应聘者对本工作、本岗位的看法和态度。

通过笔试能看出应聘者的基础知识。所以，笔试不合格者，即可直接淘汰。如果应聘者的笔试通过了，这也只能说明应聘者的基础知识扎实，但是有关应聘者的性格、人品以对待这份工作的态度，公司负责人还是一无所知。因此，还需要对应聘者进行粗略的面试。如果应聘者在面试中表现出对工作岗位十分满意的态度，没有抗拒的意思，就可以安排复试了。

复试同样可以分为笔试和面试两大环节。但是，因为关于应聘者的专业知识情况，在初试中已经进行了了解，所以，在复试中应该以面试为主。复试是最终决定是否聘请应聘者的环节，所以，应该尽量深入地了解应聘者，包括应聘者离开之前供职的公司的原因、选择这家公司应聘的原因、对自己的职业生涯的规划、对自我的认识、对所应聘的岗位的认识、对公司的认识等。根据应聘者对这些问题的回答，基本能判断应聘者的综合素质情况。如果应聘者的综合素质较高，则可以做出最终聘请的决定。反之，公司负责人则需要继续面试下一位应聘者。

5.5 "带教式"培训成为主要趋势

许多员工刚入职时，都很害怕接到客户的电话，因为不知道如何跟客户表达。有时候客户主动询问，员工讲话的声音也很小，特别没有底气。这种现象普遍存在于新员工中，新员工哪怕接受了培训，但还是缺乏实战经验。这时候公司就要安排带教人员把培训的重点内容都在新员工面前演示一遍。例如，打电话环节，带教人员可以亲自给客户打电话，在打电话过程中合理运用一些销售技巧，让新员工学会怎么把这些技巧运用到工作中。打完电话后要对这个过程做出分析，然后总结出优点与缺点，加深新员工对打电话环节的切身体会。

任何行业的工作只有专业知识是不够的，因此，为了增强新员工的能力，亲身感受是最好的方式。因此，带教人员的演示要做到以下三个方面，如图 5-2 所示。

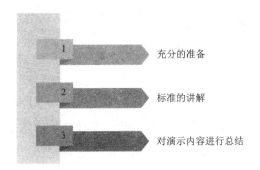

图5-2　带教人员演示要做到的三个方面

1. 充分的准备

有些带教人员认为自己是前辈，带了那么多人，演示一遍不会出错误。事实上，很多失败的案例都是由于带教人员过于自负导致的，如果因为带教人员过于自负而在演练中出现问题，不仅会带给新员工错误的讲解，还会在新员工心中留下不好的印象，导致新员工对带教人员日后的培训内容、工作指示都抱着怀疑的心态。

因此，带教人员在演示之前要做好充分的准备，多加练习要演示的内容，再给新员工干脆利落地演示一遍。

2. 标准的讲解

标准的讲解分为三个部分：理论部分、流程部分、案例部分。理论部分为工作提供了底层支撑；流程部分让新员工能够掌握基本的步骤；案例部分能够结合实际分析工作的注意事项。

带教内容一定要有系统性，教哪些内容、怎样教，也需要制定标准和具备相关技巧。带教人员只有制定好流程、标准、细节，才能获得想要的带教效果，避免新员工走自己曾经走过的弯路。带教人员要帮他们分析工作失误的原因，找准错误根源，使其逐渐地积累正确的工作方法，让其一切工作操作步入正轨。

3. 对演示内容进行总结

在学校考试过后，老师都会对试题内容再做一个总结。因为许多题目在老师讲解时，学生可能听明白了，但是过一段时间就忘了，所以，老师需要经常对知识进行总结。带教人员演示也是同样的道理。带教人员总结的内容至少要包括这次演示的重要性、工作正确的做法、出现问题的应变方法及注意事项等。只有通过总结，员工才能记得更牢靠，更好地得到提升。

5.6 各类离职员工的处理办法

员工的流动是每家公司的正常现象，但如果处理不好也会给公司带来风险。那么，不同类型的员工离职要如何处理呢？

1. 跳槽型离职员工的处理办法

宋海波是一名 IT 工作者，目前供职于北京一家小型的 IT 公司。这家公司给宋海波的工资是 8 000 元，福利是五险一金。宋海波对此比较满意，于是与公司签订了入职手续。后来，宋海波与朋友聚会时谈到了各自的工资待遇问题。结果发现朋友们的工资都在 1 万元以上，他们的福利除了五险一金外还有各种补贴，包括餐补、车补、房补、高温补贴、取暖补贴等。

于是，宋海波开始对自己的工作待遇产生了不满。此后，宋海波一边工作，一边找工作。他心里想着：一旦找到了更好的工作就跳槽。一段时间之后，宋海波果然找到了一份工资待遇更好的工作。当接到入职邀请后，尽管宋海波手上的工作任务还没有完成，他还是毫不犹豫地离开了自己现在供职的公司。

对于公司管理者来说，最不愿意碰到的就是这种跳槽型的离职员工。他们往往不会提前提出离职申请，而是突然性地离职。这很容易让公司处于被动的状态。不论是新员工招聘，还是工作交接，都需要一定时间进行处理。那么，公司该如何应对这种情况呢？

首先，公司应该制定相应的规章制度，对员工的这种行为进行约束。有了明确的规定和相对应的惩处措施，就能够对员工起到震慑作用。员工因此也就不会轻易选择跳槽离职了。

其次，规则实施要严格。如果公司仅仅制定了相关规定和处罚措施，却没有付诸实际行动，这就相当于在告诉员工，这条规定其实是无效的。显然，这也不能起到应有的作用。既然制定了规定，公司就应该按照规定处理问题，这样才能在员工的心目中树立威信，让制度起到帮助管理的作用。

2. 事假型离职员工的处理办法

周志强是一家服装公司的司机，最近，他以家里有重大事情需要处理为由，向公司请了 3 天假。可是，假期结束之后，却迟迟不见周志强来公司销假报到。而且，这段时间处于月末，正是公司大量往外送货，需要人手的时候。于是，人事部的负责人给周志强打了一个电话，试图确定周志强复职的时间。结果，周志强告诉人事部负责人，他要辞职。

像周志强这种情况，就属于典型的事假型离职员工。起初以事假为由离开了公司，最终却变成了离职。与跳槽型离职员工相同的是，事假型离职员工同样没有提前 30 天提交离职申请。这也就意味着交接工作无法顺利完成，这同样会给公司造成一定的损失。所以，对待这样的员工同样需要给出明确的处理办法。

《中华人民共和国劳动合同法》第 36 条规定："用人单位与劳动者协商一致，可以解除劳动合同。"第 37 条规定："劳动者提前三十日以书面形式通知用人单位，可以解除劳动合同。劳动者在试用期内提前三日通知用人单位，可以解除劳动合同。"第 90 条规定："劳动者违反本法规定解除劳动合同，或者违反劳动合同中约定的保密义务或者竞业限制，给用人单位造成损失的，应当承担赔偿责任。"

因此，像周志强这种行为耽误了公司工作，给公司造成损失的情况，公司可向他索要赔偿金，以此来降低对公司造成的损失。而且，由于有劳动合同为证，即使是走法律程序，公司也处于优势地位。当然，这也告诉了公司管理者，在签订劳动合同的时候，应该要考虑到这些情况，并将之写进劳动合同中。

3. 创业型离职员工的处理办法

对于公司来说，还有可能会面临一种类型的离职员工，那就是创业型离职员工。这类员工通常有远大的抱负，他们选择工作的目的是在工作中学习积累各种经验，一旦时机成熟，他们就会毫不犹豫地离开原公司，开始自己的事业。那么，公司应该如何处理这类离职员工呢？

显然，员工选择的创业项目肯定是自己所熟悉的，是自己所从事的领域。这也就意味着，创业型离职员工将要与公司成为竞争对手。如果员工离职的同时还带走了公司重要的商业信息，那么日后肯定会抢夺原本属于公司的资源。这对于公司来说，是一个相当大的隐患。

所以，当公司知道有员工因创业而离职时，第一时间要做的是，确定该名员工在离职前所负责的具体工作内容。如果其中有涉及商业机密性的信息，公司应该想办法更改信息，或者重新补充信息。总之，就是要让之前的信息失去有效性。

与此同时，人事部门负责人应该设法联系该名离职员工，然后要求该员工按程序办理离职手续，签订离职协议。需要注意的是，公司在制定离职协议时，应该将商业信息保密要求写进去，并且在协议中写清楚泄露、盗用公司商业信息的惩处措施。这样即便日后离职员工使用了公司的重要商业信息，公司也可以离职协议为证据起诉员工，通过法律途径来维护自己的合法权益。

与前两种类型的离职员工相比，创业型离职员工的性质更严重，给公司带来的损失和潜在威胁也更大。因为这不仅是失去一个优秀员工的问题，它还意味着公司在行业内又多了一位强劲的竞争对手。在这种情况下，公司为了维护自己的利益，只有用离职协议来约束离职员工的行为，才能尽量保证自己的商业利益不被侵犯。

这也说明了一个问题，那就是公司在运营的过程中，凡是涉及公司核心利益的信息，都应该由公司创立者或者主要负责人掌握，切忌将重要的商业信息随便交到员工手中。当遇到侵犯自己合法的商业利益的情况时，公司负责人应毫不犹豫地用法律武器来维护自己的权益。

4. 不辞而别的员工的解决办法

现实生活中不排除有这样一类员工，他们个性鲜明，追求自由，做事情从来不需要理由，只看心情。所以，当哪一天他们的心情不好了，就会毫无征兆地离开公司。不要说离职申请，甚至连一个离开的招呼也不打。这种不辞而别的员工是最让公司感到无奈的。

由于员工与公司之间签订了劳动合同，所以，如果员工不辞而别，没有办理相关的离职手续，公司方面也没有任何处理措施，一旦员工发生意外情况，公司还需要为之负责，因为双方之间还处于雇佣关系状态，受法律保护。

由此看来，当公司发现有员工不辞而别时，首先应该向员工寄送一份《催告函》。其内容为催告员工返回公司正常上班，并且告诉员工，如果遇到了特殊情况，应向公司说明缘由，办理请假手续。除此之外，还要告诉员工，如果既不请假，也不返回公司，公司则有权单方面解除劳动合同。

其次，根据《催告函》发出后的回馈情况进行相应的处理。如果员工收到《催告函》后返回了公司，则应该按照公司的规则制度对其擅自离岗进行处罚。如果员工收到《催告函》后依然没有反应，那么公司则应该单方面与其解除劳动合同关系。

最后，向员工邮寄《解除劳动合同通知书》。在寄送通知书之前，公司方面可以与员工进行联系，最好让员工本人前来公司办理相关离职手续。如果员工不能亲自来办理，则可以将离职协议等需要员工签字的材料一并寄送给员工，并让员工签好字后寄回公司。

如果员工因为擅自离职给公司造成了一定的经济损失，那么公司是可以向员工索要赔偿的。《关于企业处理擅自离职职工问题的复函》（劳办发〔1993〕68号）中规定："未经企业同意，擅自离职的职工给企业造成损失的情况，可视其给企业造成损失的大小，责令其给予企业一定的经济赔偿。"

另外，不辞而别的员工也应列入公司招聘的黑名单中，这样的员工是典型的没有责任感的员工，他们不会考虑公司的利益，因此也就难以为公司做出较大的贡献。所以，这样的员工不应招聘到公司中来。

5. 带业务离职的员工的解决办法

除了个性张扬的员工之外，还有一些非常任性的员工。他们不仅说走就走，可能还会在离开的同时带走公司的业务。这类员工是公司最无法容忍的类型，因为他们会给公司带来巨大的损失。所以，当公司面对这种情况时，一定要谨慎对待。最好通过了解员工离职的原因，尽量让员工返回工作岗位。如果员工执意不愿意返回，那么对待这类员工绝不能姑息容忍，一定要严肃处理。

众所周知，业务是公司生存发展的基础。公司没有了业务，犹如汽车没有了油，人没有了血液一样。所以，失去业务对公司来说，往往会造成致命打击。而离职员工之所以能带走业务，是因为业务本来就是员工带来的或者员工在业务中处于主导地位。

基于这种情况，当公司遇到员工带业务离职时，首先应与员工进行沟通，了解其离职的真正原因。如果仅仅是因为薪酬福利的原因，公司可以适当提高员工的薪酬福利，让员工留下来，因为员工为公司所创造的价值是远超于此的。

其次，如果员工离职的原因不是薪酬问题，而是公司无法为之解决的问题。也就是说，公司不可能再留下该名员工了，这时公司应该安排其他员工去与业务方洽谈，拦截下这一业务，避免给公司带来损失。

最后，公司应该与员工签订离职协议。为了保证公司的利益，公司一定要在离职协议中写清楚员工负责的业务应归公司所有，这样才能对员工的行为起到约束作用，以防员工带走公司的业务。

对于一个公司来说，各种类型的离职员工都有。为了减少员工离职给公司带来的损失，也为了降低员工离职给公司带来的风险，公司负责人事先应对员工的离职类型有一个大致了解，并根据这些离职类型制定相应的应对措施，防患于未然。

5.7　如何设计员工复职通道

李博涵因为与同事发生了一点小摩擦，一气之下向公司提交了离职申请。一个月之后，李博涵如愿以偿地从工作了两年的公司离职。离职后，李博涵休整了一段时间，开始寻找新工作。没想到的是，李博涵面试了多家公司，都没有找到合适的。而且，这些公司不论是从规模还是从福利待遇上来看，都不如他离职的那家公司好。于是，李博涵萌生了向上一家公司提出复职申请的想法。

　　事实上，职场中有不少像李博涵这样的人，他们因为一时冲动而申请离职，但最终发现还是自己原来的公司好，所以又想要复职。这种情况对于公司来说，既有好处，也有弊端。

　　其好处在于，这样能让优秀员工回流，而且老员工对于工作岗位中的各项事务都非常熟悉，不用进行培训，工作效率较高。

　　其弊端在于，这样可能会引发员工离职热潮。因为员工会觉得："既然离职了还能复职，那我为何不先离职去找其他工作？即使没有找到更好的，我还能复职。"在这种心理的驱动下，会有大量的员工提出离职申请，从而给公司带来管理及业务上的麻烦。为了避免这种情况的出现，公司有必要制定一条完善的复职通道。

　　首先，公司应规定，只接受管理层员工的复职请求，不接受普通员工、基层员工的复职请求。管理层员工一方面掌握着公司更多、更重要的商业信息，另一方面他们属于高素质人才，能对公司的发展起到较大的促进作用。尤其是对于大型公司来说，管理工作是非常重要的一个环节。老员工复职能跳过管理磨合期，直接使管理工作步入正轨。

　　其次，公司应该详细了解员工复职的原因。既然员工离职是有原因的，那么员工复职肯定也有他们的原因。而且，从员工所给出的复职原因中，能判断出员工是否能继续在原岗位中发挥作用。例如，员工复职的原因是薪资和福利待遇，那就意味着其他公司的薪资和福利待遇不如本公司好，这样员工复职回来后，就会更安心地、卖命地工作。但如果员工是因为没有找到工作而申请复职，那么员工很有可能还会提出离职申请，这样的员工是不适合回聘的。

　　最后，公司应规定复职员工入职后，其薪资福利仍按原标准对待。目前有一些求职者认为，工作经历越丰富则薪资福利越好。在这种观念的驱动下，有很多员工频繁跳槽。尤其是一些公司的复职制度更是让想要借助跳槽来加薪的员工看到希望。针对这种情况，建议公司设计复职通道时，明确规定复职员工的薪资福利不变。

人力资源专家李宏飞曾说过："职场人应该有一个清晰的职业规划，如果离职单位更适合自己的职业发展，就应该抓住机会选择回归，离职之后再回来本来也是很自然的事情，不要因为个人的顾虑而妨碍自身职业的发展。"这段话是针对员工来说的。但与此同时，公司也有重新选择员工的权力。为了提升公司的竞争力，公司有必要制定一套完善的复职制度。

5.8　《入职协议书》模板

普遍情况下，公司招聘到员工后，会有一个试用期，时间为 2 ~ 3 个月。因为招聘是公司和员工之间双向选择的过程，有了试用期这一制度，员工可以在这一时期内对公司的情况进行考察和熟悉，公司也可以在这一时期内对员工的实际工作能力进行考察。最终双方再做一个是否选择彼此的决定。

由于员工处于试用期，具有不确定性。所以，这时公司不会与员工签订劳动合同。这也就意味着，公司没有约束员工的工具，同时员工的合法权益也没有有效的保障。为了解决这一问题，于是出现了《入职协议》这一工具。一般来说，当员工面试通过后，公司会发出入职通知。员工在入职的时候，除了要办理正常的入职手续外，还需要签订一份《入职协议》。

在员工正式转正之前，入职协议相当于一份证明劳动关系的证据，具有法律效力。可以说，这是一份能同时维护劳动者与公司双方的具有法律效力的协议。表5-1所示为一份完整的员工入职协议书。

表5-1　员工《入职协议书》模板

员工入职协议书

甲方：　　　　　　　　地址：

乙方：　　　　　　　　地址：　　　　　　身份证号：

　　为规范公司管理，确保劳动合同和管理程序运作实施，经双方平等协商，订立如下条款，由双方共同遵守。

　　一、甲方聘任乙方为 _____ 部门 _____。

　　二、试用时间为 _____ 年，自 _____ 年 _____ 月 _____ 日开始，至 _____ 年 _____ 月 _____ 日结束。试用期的薪资为 _____ 元。

　　转正后，基本薪资为 _____ 元，其他补贴 _____ 元，共计 _____ 元/月。

　　三、甲方视乙方工作情况，酌情延长或缩短乙方的试用期（最长不超过3个月）。如乙方在试用期内表现突出，考核成绩达标，本公司将以书面通知的形式通知转正，并签订相应的劳动合同。考核不合格者，将结束试用，不予转正。

　　四、甲方每月10日以货币的形式向乙方支付上月（自然月）工资（如发薪日恰逢周日或假日，则顺势延长或提前发放）。

　　五、此协议书是员工试用期间务必遵守的协议承诺保证。

　　六、新员工必须保证向公司提交的所有证件材料均真实有效，否则公司可随时解除劳动关系，并追究相应法律责任。

　　七、自进入公司工作之日起，乙方必须严格遵守甲方的各项规章制度，并根据甲方的工作安排，认真履行职责，保守甲方的商业秘密，自觉维护甲方的合法利益。

　　八、乙方任职期间，如违反了公司的规定或制度，公司有权根据制度做出相应的处罚。

　　九、在职期间，乙方由于自身原因提出解除本协议时，须提前7天以书面形式通知甲方，以便商洽、办理工作交接及薪资发放等事宜。交接手续办理完毕方可正式离职，否则，将依照公司有关规定做出相应处理。

　　十、员工享有入职培训的权利，并依法享有国家法定节假日休息的权利，遇特殊情况，依照公司相关考勤制度配合公司完成调休工作。

　　十一、未尽事宜经甲、乙双方协商可修改、补充。本协议双方签字即生效。协议一式两份，甲、乙双方各持一份，具有同等法律效力。

　　甲方（签章）：_____　乙方：_____

　　　　　　　　　　　　　　　　　　_____ 年 _____ 月 _____ 日

与员工签订《入职协议书》之前，公司负责人应先告知员工签订这份协议的目的，并让员工仔细阅读这份协议。如果员工提出了异议，应向员工解释清楚。而不是在员工不知情的情况下，强迫员工签订《入职协议书》。

5.9　劳动合同模板

如果员工在试用期内表现良好，能够胜任各项工作任务，且对公司的各项规章制度和管理方式没有异议。那么，在员工的试用期结束后，公司就应该为员工办理转正手续。这也就意味着该名员工将正式成为公司的一员。因此，公司有义务保障员工的合法权益，这就包括与员工签订正式的《劳动合同》。

在现代企业管理制度中，正式的《劳动合同》有三个方面的作用：第一，它可以强化用人单位和劳动者双方的守法意识；第二，它可以有效维护用人单位和劳动者双方的合法权益；第三，它有利于及时处理劳动争议，维护劳动者的合法权益。因此，不论是从公司的角度来看，还是从劳动者的角度来看，都非常有必要签订劳动合同。表 5-2 所示为一份正式的劳动合同模板。

表5-2　劳动合同模板

劳动合同	
编号：	
甲方（用人单位）：	
乙方（劳动者姓名）：	身份证号码：
联系电话：	联系地址：
根据《中华人民共和国劳动合同法》及其有关法律法规的规定，甲、乙双方本着合法、公平、	

平等自愿、协商一致的原则，自愿订立本劳动合同。

一、工作内容

第一条　乙方同意甲方根据工作任务的需要，安排从事地点（职务）工作，乙方同意甲方根据客观情况发生变换的条件下，根据工作的需要调整或变更乙方的工作内容、工作地点。

二、合同期限

第二条　甲、乙双方选择以下第 _____ 种形式确定本合同期限。

1. 固定期限，合同从 _____ 年 _____ 月 _____ 日起至 _____ 年 _____ 月 _____ 日止，其中，约定的试用期为 _____ 月。

2. 无固定期限，合同从 _____ 年 _____ 月 _____ 日起。

3. 以完成一定的工作为期限，从 _____ 年 _____ 月 _____ 日起至（工作任务）完成止（详见岗位说明书）。

三、工作时间和作息休假

第三条　甲、乙双方经协商确定乙方采用以下第 _____ 种工时制。

1. 实行标准工时制。本合同期间，乙方必须服从甲方正常的分配和安排。每天工作不超过8个小时，每月工作不超过26天。

2. 甲方经劳动行政部门批准，乙方所在岗位实行不定时工时制。

3. 甲方经劳动行政部门批准，乙方所在岗位实行综合计时工作制。

第四条　甲方因生产（工作）需要，经与工会和乙方协商后可延长工作时间，除《中华人民共和国劳动合同法》第四十二条规定情形外，一般每日不得超过1小时，除因特殊原因最长每日不得超过3小时，每月不得超过36小时，超过部分甲方给予乙方相应调休补偿。

第五条　甲方在国家法定节假日期间依法安排乙方休假。

四、工资、福利待遇和社会保险

第六条　甲方按《××市工资支付规定》和有关政策以货币的形式每月支付乙方工资。甲、乙双方经协商确定乙方采用以下第 _____ 种工资计算方式。

1. 月度包薪制。乙方试用期的标准工资为 _____ 元/月；试用期满后的标准工资为 _____ 元/月。

2. 非包月薪制。乙方试用期的标准工资为 _____ 元/月；试用期满后的标准工资为 _____ 元/月。另外，因工作需要经甲、乙双方同意加班安排的，甲方根据有关规定给予乙方相应的加班费（计算标准：平时加班1.5倍，正常休息日加班2倍，国家法定节假日加班3倍）。

第七条　甲方于每月 _____ 日向乙方支付上月工资。甲方因故不能在上述时间支付工资的，可以顺延5日。

第八条　甲方在上述工资待遇之外，另行自愿给予乙方下述福利待遇（包含但不限于全勤奖、福利、补贴、特殊岗位津贴、加班补贴等）。这些福利待遇不属于工资范畴，其实施和发放完全按照有关法律法规和甲方的相关规章制度执行（详见薪资制度、入职职位申请表、薪资调整表、每月工资表及签收单）。

第九条　甲、乙双方依法参加社会保险，按时缴纳各项社会保险费，其中依法应由乙方缴纳的部分，由甲方从乙方的工资报酬中代扣代缴纳。

五、劳动保护、劳动条件和职业危害防护

1. 甲方应严格执行国家和地方有关劳动保护的法律、法规和规章，依法为乙方提供必要的劳动条件，制定操作规程、工作规范和劳动卫生制度及其标准，保障乙方的安全和健康。

2. 甲方为乙方提供工作场所和工作所需设备及工具，乙方应妥善维护和保管，丢失、损坏有关工具按使用年限折旧赔偿。

3. 对乙方从事接触职业病危害作业的，甲方应按国家有关规定组织上岗前和离岗时的职业健康检查，在合同期内应定期对乙方进行职业健康检查。

4. 乙方有权拒绝甲方的违章指挥，对甲方及其管理人员漠视乙方安全健康的行为，有权提出批评并向有关部门检举控告。

5. 乙方须严格遵守安全操作规程，保证安全生产；若由于乙方原因造成的事故，乙方应承担相应的责任。

第十条　甲方有权对乙方工作业绩以及遵守规章制度和劳动纪律的情况进行检查、督促、考核和奖励。乙方违纪造成甲方损失的，甲方有权要求赔偿，赔偿金可在乙方的工资中直接扣除。

六、劳动合同的变更

1. 任何一方要求变更本合同的有关内容，都应以书面形式通知对方。

2. 甲、乙双方经协商一致，可以变更本合同，并办理变更本合同的手续。

七、劳动合同的解除

第十一条　有下列情形之一的，甲方可以随时解除劳动合同，并不支付经济补偿：

1. 乙方在试用期间内被证明不符合录用条件的。

2. 乙方违反甲方规则制度和劳动纪律，根据这些规章制度的规定可以解除劳动合同的，或者是虽然这些规章制度和劳动纪律没有明确规定，但性质严重的。

3. 在本合同期间内，乙方不得在其他单位兼职，不得在与甲方从事的行业相同或相近的企业及与甲方有竞争关系及其他利害关系的企业内工作。否则甲方可以立即终止合同，并不给予任何经济补偿。而因此造成的损失，将由乙方承担责任。

4. 法律、法规或规章制度规定的其他情形。

第十二条　有下列情形之一的，甲方可以解除劳动合同，但是应当提前 30 日以书面形式通知乙方：

1. 甲方濒临破产进行法定整顿期间或生产经营状况发生严重困难，经劳动行政部门确认需要裁减人员的。

2. 乙方患病或非因工负伤，医疗期满后，不能从事原工作，也不能从事由甲方另行安排的适当的工作的。

3. 乙方不能胜任工作，经过培训或者调整工作岗位，仍不能胜任工作的。

4. 本合同订立时所依据的客观情况发生重大变化，致使原劳动合同无法履行，经甲、乙双方协商不能就变更劳动合同达成一致协议的。

第十三条　有下列情形之一的，甲方不得依据前条的规定解除劳动合同：

1. 乙方患职业病或因工负伤并被确认丧失或者部分丧失劳动能力的。

2. 乙方患病或因工负伤，在规定的医疗期内的。

3. 乙方在怀孕期间、产期、哺乳期内的。

4. 法律、法规规定的其他情形。

但乙方同时有第十一条所列情形之一，不受本条限制。

第十四条　有下列情形之一的，乙方可以提前 30 日以书面形式（或试用期内提前 3 日）通知甲方解除劳动合同：

1. 在试用期内的。

2. 甲方未按照劳动合同约定支付劳动报酬或者提供必要的劳动条件的。

3. 甲方以暴力、威胁或者非法限制人身自由的手段强迫劳动的。

4. 法律、法规规定的其他情形。

第十五条 甲方依据本合同第十二条的约定和相关法律法规的规定，解除劳动合同需要向乙方支付经济补偿金的，应按照规定的每工作一年计算一个月工资的标准支付。因法律法规对于"一个月工资"的概念并不确定，经甲乙双方协商一致，确定为一个月的标准工资。

八、劳动合同的终止和中止

第十六条 有下列情形之一的，劳动合同自行终止，甲方可以不向乙方支付经济补偿金：

1. 甲方因经营状况改变，企业停工、停产 2 个月以上的，或依法被宣告破产的。

2. 甲方依法解散或依法被撤销。

3. 乙方到法定退休年龄的。

4. 乙方非因法定理由，不能正常履行工作职责达 30 日的。

5. 乙方死亡。

6. 法律、法规规定的其他情形。

第十七条 有下列情形之一的，经合同一方发出书面通知，可以中止合同：

1. 本合同订立时所依据的客观情况发生重大变化，致使原劳动合同无法履行时，经双方协商同意终止劳动合同的。

2. 乙方患病或非因工负伤，医疗期满后不能从事原工作，也不能从事甲方另行安排的适当的工作，而甲方又未解除劳动合同的。

3. 非因乙方原因停工、停产 1 个月以上的。

4. 法律、法规规定的其他情形。

第十八条 甲方应在解除或者终止 / 中止劳动合同时，出具解除或终止 / 中止劳动合同的证明，并在 15 日内为乙方办理档案和社会保险关系转移手续；乙方应当按照双方约定，办理工作交接；甲方依据有关规定应当向乙方支付经济补偿的，在办好工作交接后支付。

九、违反劳动合同的责任

第十九条 甲方的违约责任：

1. 甲方克扣或者无故拖欠乙方工资的，以及拒不支付乙方加班加点工资的，除在规定时间内全额支付乙方工资报酬外，还应当加发相当于工资报酬25%的经济补偿金。

2. 甲方支付乙方的工资报酬低于市政府公布的当年最低工资标准的，要补足低于标准的部分。同时，按照国家和当地市政府的相关规定予以赔偿。

第二十条 乙方违约的责任

1. 在劳动合同有效期内，乙方不得违法或者违反本合同、保密协议及其他相关协议的约定，以及甲方规章制度规定解除劳动合同。若乙方单方面解除劳动合同，按约定支付违约金。

2. 解除劳动合同时，乙方未提前 30 日通知的，另向甲方支付相当于乙方一个月的工资的违约金。违约金不足以弥补甲方损失的，乙方应赔偿相应的损失。

3. 其他违约责任：合同期未满乙方离职或与甲方解除 / 终止劳动关系，乙方需经甲方书面同意，并结清甲方代垫的各类费用。而且，乙方需要办理完所有的交接手续方可离职。否则乙方需承担由此给甲方带来的直接及间接经济损失。甲方有权从未结算的工资中予以扣除。

续表

十、乙方声明，乙方在签署合同时，已获悉甲方的管理制度并愿意遵守各项事宜。

十一、因履行本合同发生争议，依照国家规定处理。本合同未约定事项，按国家规定执行。

十二、本合同一式两份，甲、乙双方各执一份。约定事项违背国家规定，涂改、未经合法授权代签无效。

甲方：

乙方：

法定代表：

签证机关：

合同签订日期：

合同签证日期：

第6章

员工考核制度：让员工绩效有结果

　　绩效考核是公司绩效管理的核心环节，是评价员工工作的重要手段。部门管理者需要对照工作目标和绩效标准，采用科学的考核方式，评定员工的工作任务完成情况、工作职责履行程度和员工发展情况，让员工的工作结果看得到。

6.1　绩效考核到底考什么

绩效考核的目标是提高公司管理水平、增强综合实力及提升员工个人能力。为更好地完成这个目标，部门管理者要从业绩、计划完成情况、能力态度、部门满意度四个方面进行考核，这四个方面是绩效考核的主要内容。

1. 业绩：软硬指标相结合

一般意义上的"绩效"都是指"业绩"，也就是已经实现的工作成果。人们常把与业绩有关的、定量的指标称为硬指标，如利润、成本、产量等。而那些与业绩无直接关系、定性的指标被称为"软指标"，如工作经验、沟通能力、团队意识、工作态度等。

硬指标展现的是公司财务层面的成果，反映公司近期的发展状况；软指标展现的是公司员工的整体素质、发展前景等隐性成果，反映公司未来的发展状况。

在实施绩效考核的过程中，硬性指标实现得好，公司未必一定发展得好。一方面，如果公司只注重硬指标考核，弱化软指标，那么公司的总体管理情况、精神面貌、稳定性等就无法完整地呈现出来，甚至会因为追求短期利益忽视了长远发展。另一方面，繁重的硬指标考核会使员工在工作过程中变得机械化，仅为了绩效指标去工作，无法达到应有的激励效果。

现代公司不仅要追求高速发展，更要追求优质发展、良性发展与可持续发展。因此，员工的绩效考核要同时兼顾硬指标与软指标，力求呈现公司员工的整体面貌，为公司未来的发展提供有效参考。

2. 计划完成情况：衡量工作表现

计划完成情况是绩效考核的一项重要硬指标，它能够反映一个部门的总体绩效水平，以及每一名员工的业务能力和平时在工作中的表现。计划完成情况考核是决定员工晋升、清退或调岗的重要依据，同时也是公司对员工进行针对性绩效辅导、激励和培训的重要依据。根据工作内容的不同，各部门及各岗位员工的计划完成情况考核内容也有所不同。

3. 工作能力与工作态度

工作能力与工作态度是绩效考核软指标中的两项重要内容。工作能力包括应变能力、业务能力等指标；工作态度包括团队意识、责任感等指标。工作能力与工作态度一样重要，在绩效考核过程中，公司要根据员工的工作态度与工作能力，针对性地安排工作任务和工作岗位。具体做法如下。

（1）工作态度和工作能力都不佳的员工要予以清退。

（2）工作态度好、工作能力差的员工可以安排一些简单的工作任务，但不能安排有较高技术含量的工作。

（3）工作态度差、工作能力强的员工适合做一些技术含量高的研究类工作，但不适合安排需要团队合作的工作任务。

（4）工作态度与工作能力俱佳的员工可以作为公司骨干培养，接受公司的核心业务。

4. 部门满意度：发现问题和不足

部门满意度考核是公司对各个部门整体的考核。公司通过这一项考核，可以发现各部门存在的问题和不足之处，从而有针对性地加以完善，以提高部门整体的工作质量和管理能力，最终提升公司总体绩效，实现长远发展。部门满意度考核包括部门的服务态度、工作能力等指标。

6.2　绩效考核怎么考

绩效考核要遵循科学的方法进行考核。部门管理者需要提前规划考核时间、考核主题并在考核结束后详细记录考核结果，以求最优的考核效果。

1. 确定绩效考核的周期

绩效考核并不是随心所欲进行的，而是要遵循一定的考核周期。部门管理者需要根据不同的考核周期设计不同的考核内容，最常见的划分标准是按时间划分为日常考核、季度考核和年度考核。其中，日常考核是公司对员工的日常工作情况进行的考核，包括考勤、工作制度遵守等；季度考核是公司对员工一季度的工作情况进行的考核，包括计划完成情况、团队管理情况等；年度考核是公司对员工一年的工作情况进行的考核，包括年终业绩、客户满意度等。

2. 选择绩效考核的主体

实施绩效考核的主体是参评人员，对此，参评人员必须全面了解被考核员工的岗位职责、工作目标及具体的绩效考核指标。参评人员还要熟悉被考核员工的日常工作表现，务必公平公正，做出正确合理的评价。参评人员包括部门管理者、被考核员工本人、同事和下属。

部门管理者作为被考核员工的直接领导，对被考核员工各方面的工作情况都有较为详细的了解，最容易做出中肯的评价。绩效考核结果往往与被考核员工升职、加薪、奖惩等直接利益相关，稍有出入，可能会引起被考核员工的不满。部门管理者与被考核员工接触时间最久，清楚地知道被考核员工的工作情况，与之沟通时也会更加顺利。

自我考核是被考核员工对自己的评价。这一部分最为轻松，不会让被考核员工产生压力，还能加强其对绩效考核的参与意识。同时，自我考核可以让员工更加了解自己，增强其自我认知能力。自我考核的缺点是考核结果可能会高于被考核员工的真实绩效成绩，所以，自我考核只能作为员工改善绩效的辅助方式，涉及加薪、升职等情况时，则不建议列入考评标准。

同事考核是被考核员工的同事对其进行评价。同事是与被考核员工朝夕相处的人，他们与被考核员工接触时间最长，交集最多，所以更加了解被考核员工的工作细节。但也因为非常熟悉与了解，同事在考核时容易掺杂过多的情感因素，从而使考核结果失去真实性和客观性。

下属考核是被考核员工的下属对其进行评价。下属的评价通常能反映出被考核员工的管理能力，同时也实现了绩效考核过程中的权力平衡，使考核结果更具公平性。但下属很可能不敢对自己的领导做出负面评价，因此，为了考核结果的客观公正，公司可以将这一部分考核改为匿名评价。

3. 绩效考核结果的应用

绩效结果应用是指将绩效结果应用于具体的管理过程中。绩效结果与员工的切身利益相关，如果应用得好，可以对员工起到很好的激励效果，如果应用得不好，则会使公司的绩效考核形同虚设。绩效考核结果的应用应由 HR 推动，HR 在对各部门的考核结果做出分析评价后，就要依据公司的规定，对员工进行奖惩。

绩效结果与员工的切身利益密切相关，每个人都在关心自己的绩效得分，因为这意味着自己是否会被辞退及能拿到多少奖金。几乎每家公司都会将绩效结果与薪酬挂钩，但大多数公司却都是"不敢激励，更不敢负激励"。这种"无声无息"处理绩效结果的方式最终会导致优秀员工另谋出路，公司上下缺少资深员工。

绩效结果的应用应分为物质激励与精神激励，物质激励包括绩效工资、年度奖金、员工福利股权激励等；精神激励包括职位晋升、员工发展计划、员工荣誉等。另外，有奖就要有惩，对于那些绩效成绩不理想的员工，公司要予以扣发奖金、通报批评、清退等处罚，这样才能让绩效结果发挥其应有的作用。

6.3 目标管理考核法

目标管理考核法（Management By Objective，MBO），是依照具体指标和评价方法来界定员工工作目标完成情况的绩效考核方法。MBO 考核法是目前众多公司普遍使用的绩效考核方法，因为它能够将员工价值观与公司的战略目标统一起来。因此，部门管理者在使用 MBO 考核法时，必须明确责任的级别和分目标，并将其作为公司绩效考核的标准。

MBO 考核法作为公司最常使用的绩效考核方法，其实施步骤一般分为四步。

（1）确定绩效目标。在这个过程中，需要公司上下通力合作，部门管理者与被考核员工分层级共同确定绩效目标。绩效目标的内容既包括预期结果，又包括实现的方式、方法。

（2）确定绩效指标的主次程度及时间规划。绩效目标确定后，部门管理者就要制定一系列相关的绩效指标。在这个过程中，部门管理者和 HR 一定要分清主次，按照工作的重要性和迫切程度，平衡各方面的关系，合理利用资源，制定绩效指标。

（3）定期考核。绩效考核要有固定周期，通过定期考核总结绩效目标实现过程中的经验教训。这一过程有助于公司安排相关的绩效培训，还有助于调整下一次考核的各项绩效指标。

（4）制定新的绩效目标。这是最后一步，只有完成现有绩效目标的被考核员工才能参与制定下一期的绩效考核目标，并确定实现方法；完成现有绩效目标的被考核员工，要与部门管理者充分沟通，分析未达到目标的原因并制定相应的解决方案，然后才可以参与制定下一期的绩效考核目标。

在选择 MBO 考核法作为公司的考核方法时，HR 还要注意以下两方面问题。

首先，HR 要考虑公司是否适合使用 MBO 考核法。如果公司规模很小，员工人数较少，分工明确，那么运用 MBO 考核法反而会让工作变得复杂，影响工作效率。

其次，实施 MBO 考核法要坚持不懈，做到定期化、长期化。HR 要将MBO 考核纳入日常的管理工作中，无论哪个部门，也无论考核周期长短，都必须实现目标管理的制度化、规范化，以促进绩效水平的改进。

MBO 考核法确实有很多优点，但并不是万能的。在实践过程中，必须充分考虑多方面因素，如公司的经营计划、公司文化、公司的人才结构等，只有将各方面因素结合起来，才能有效发挥 MBO 考核法的作用。一味地生搬硬套其他公司的经验，只会使公司的绩效管理体系逐渐僵化。

6.4 关键绩效指标考核法

关键绩效指标（Key Performance Indication，KPI）是将公司内部的关键参数进行设定、提取、计算、分析，进而量化出的绩效管理指标。KPI 通过把公司的发展战略程序化，帮助公司进行科学的绩效管理。KPI 在现代公司中得到了广泛应用，因为 KPI 可以使绩效考核量化，进而得出一个比较客观公正的考核结果。建立 KPI 指标体系要做到条理清晰，使每个指标既相对独立又具有内在联系，以达到全面考核员工的目的。

制定 KPI 的方法有头脑风暴法和鱼骨分析法。头脑风暴法是围绕一个议题展开自由讨论，最终确定目标和实行方案的一种团队决策方法。鱼骨分析法又称因果分析法。这种分析方法首先要找出关键问题，然后找出影响关键问题的各方面因素，并将它们与关键问题一起，按照逻辑顺序整理成的主次分明、条理清晰的图形，该图形形状类似鱼骨，所以称为鱼骨分析法。

部门管理者通过鱼骨分析法制定 KPI 时，首先要根据公司的战略目标，发现公司运营的关键问题。确定这些问题后，再找出制约这些问题的因素，这样就确定了公司的 KPI。

公司的 KPI 要先分解到各部门，然后由部门分解给每一位员工，分解过程层层推进、相互支持。最终，每个部门的 KPI、每一位员工的 KPI 都与公司整体的 KPI 目标有着直接或间接的关联。下面以一家食品公司的 KPI 鱼骨图为例来分析公司的 KPI 是如何分解的，如图 6-1 所示。

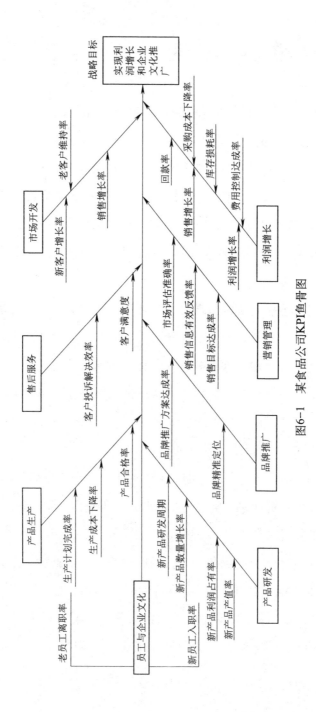

图6-1 某食品公司KPI鱼骨图

这样一来，各职位应负的责任都被转化成了 KPI，员工的工作因此被具象化，这些具象化的 KPI 就是考核本部门员工的依据。部门管理者通过部门的 KPI 确定员工的工作目标，这样可以保证每一名员工的努力方向都与公司的战略目标相一致。

使用关键绩效指标考核法的最终目的是实现公司组织架构的高度直观化，从而精简多余的部门、多余的流程及不必要的资源投入。通常在一个公司里，没有完全相同的两个职位，但有些职位性质非常相近，如隶属于销售部的销售专员和隶属于客服部的市场专员，他们的工作内容都是对市场进行预测，这种情况公司就可以精简职位，只留其一。

6.5　360 度考核法

360 度考核法是常见的绩效考核方法之一，适用于中层以上的员工考核。该考核法最早由英特尔公司提出并加以实施运用。它先是从不同角度获取公司员工工作行为表现的资料，然后对获得的资料进行分析评估，在这些资料的基础上，制定出下一年度的绩效目标。

360 度考核法又称全方位考核法，该方法的特点是考核维度的多元化。除了部门管理者和员工要参与绩效考核评估外，同事、客户等主体也要参与被考核员工的绩效评估。这样一来，员工的工作情况能够获得全方位的评估，考核结果也更加客观、公正；同时，通过多渠道的反馈，员工的职业素养和性格品质也很容易被呈现出来，360 度考核展现的是一幅完整的员工画像。而 360 度考核法的缺点是比其他考核方法耗时耗力，而且涉及专业的绩效知识，需要 HR 在前期对部门管理者和员工进行专业的技术培训。

如果员工想全面了解自己的工作状况、了解自己和别人的差距，就可以申请使用360度绩效考核方法。因此，360度绩效考核法更适用于工作年限较长的老员工或中层以上的管理者。通常，进行360度绩效考核时，要把被考核员工的上级管理者、同级同事、下属员工、客户都列为参评人员，每组不少于3人。最后，经过公司的沟通、分析，出具报告给被考核员工。

每组参评人员基于对被考核员工的了解做出评判，填写问卷。问卷题目分为两种，一种是等级量表，让参评人员根据项目为被考核员工打分；另一种是开放式问题，让参评人员写出评价意见。

问卷中的每一个题目，不同参评人员可能会给出不同分数与评价意见，HR最后会将四组参评人员的意见综合起来，加以分析，得出一个相对客观的考核结果。目前，很多公司会委托第三方公司进行360度绩效考核，因为360度绩效考核涉及很多专业问题，第三方公司有成熟的技术和专业的人员及丰富的经验，更容易得出科学的考核结果。

360度绩效考核具体分以下5个步骤进行。

（1）确定360度绩效考核的4组参评人员。参评人员可由被考核员工自己选择，也可由管理层指定，但必须得到被考核员工的同意，这样才能确保被考核员工最后认可考核结果。

（2）对参评人员进行培训和指导。HR可以组织讲座，也可以单独辅导，主要是培训和指导参评人员如何做出正确的反馈评价。

（3）执行360度反馈评价。这是整个考核过程中最关键的一步，HR必须对考核过程严格监督。从问卷的拆封、发放，到给参评人员答疑，直到收回问卷和密封问卷，整个考核过程要做到程序化和标准化，保证考核结果的有效性。

（4）统计问卷结果并生成报告。目前，已有统计360度绩效考核结果的专业软件，这种软件可以分析评分数据并给出考核结果，然后生成多种形式的统计图表，非常直观。

（5）向被考核员工提供反馈。在考核完成以后，HR 要根据考核结果向被考核员工提供反馈。通常，这一步是由被考核员工的上级管理者、HR 及相关专家面对面进行的，内容主要是分析被考核员工的优缺点，分析原因并指出改进方法。

6.6　平衡计分卡考核法

平衡计分卡（Balanced Score Card，BSC），是一种全新的公司评估体系。BSC 打破了公司过于看重财务指标的传统思想，将公司的发展战略具体化为可行目标、可测指标和目标值。

BSC 考核法认为，财务指标具有局限性，还不具备前瞻性。所以，公司应从财务、客户、运营、学习 4 个维度衡量自己的发展战略，如图 6-2 所示。

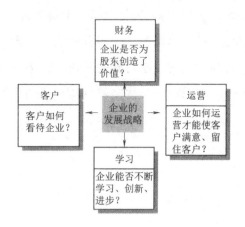

图6-2　4个维度

BSC 考核法从这 4 个维度出发对公司的绩效管理进行了全面评价，既避免了以往仅依靠财务评估的迟滞性、短视性及局限性等问题，又能科学地将公司的战略管理与绩效管理统一起来。

BSC 考核法的具体实施步骤如下。

（1）以公司发展战略为指导思想，兼顾综合与平衡，依据公司的组织架构，将公司的战略目标细分为各部门在财务、客户、运营、学习 4 个方面的具体目标。

（2）依据各部门在财务、客户、运营、学习 4 个方面的具体目标，确立相应的绩效评估指标体系。这些指标需要围绕公司的发展战略制定，平衡公司的长期发展与短期目标、内部利益与外部利益，综合考虑财务与非财务两方面信息。

（3）由所有部门共同拟定各项指标的评分标准。通常是将各项指标的期望值与实际值做对比，确定误差范围，从而制定出评分标准。考核周期一般以季度或月度为限，公司将各部门在财务、客户、运营、学习 4 个方面的工作目标完成情况进行综合评分，根据评分适当调整战略方向，或调整原定工作目标与绩效评估指标，确保公司的发展战略顺利实现。

总的来说，BSC 考核法追求的是公司全方位的平衡，即财务标准与非财务标准的平衡、长期发展与短期目标的平衡、结果与过程的平衡、管理与运营的平衡等。因此，BSC 考核法能够反映公司的总体状况，使公司的绩效评估体系趋于平衡和完善，有利于公司的长期发展。

第7章
绩效制度应用：让绩效结果展现价值

　　绩效考核的目的是让绩效结果发挥作用，正确评价员工的工作表现，然后以此为依据对员工进行奖励或惩罚。合理运用绩效结果可以让公司的资源向有价值的员工倾斜，并且提高员工的工作积极性。

7.1　物质激励

物质激励是绩效结果最常见的一种应用，是指公司将绩效结果折算成物质奖励发放给员工，具体表现为奖金、股权、福利等。

第一，基于薪酬结构的奖金兑现。这是一种最常见的物质激励，简单来讲就是绩效成绩越好，工资越高。例如，华为在奖金分配上从不吝啬，一直秉持着"干得好，多拿钱"的理念。

第二，股权激励，创造公司与员工的利益共同体。一些位于起步阶段拿不出高工资的公司可以采取股权激励的方式将员工变为"自己人"，这种方式有利于帮助公司留住核心人才，还能缓解公司流动资金的压力。

第三，提升福利，营造归属感。员工福利分为法定福利和非法定福利。法定福利是国家强制规定的员工福利，如社会保险、法定节假日、加班补贴等。非法定福利是公司内部根据自身情况设置的员工福利，如商业补充保险、节假日礼品、生日礼物、内部娱乐设施等。这些福利有利于公司进行人性化管理，提升员工的归属感和黏性。

7.2　精神激励

精神激励也是常见的绩效结果应用方式，与物质激励不同，精神激励更侧重于员工价值的自我实现，如表彰、升职、领导力培训等。

第一，顺畅的晋升通道更利于员工实现自我价值。除了工资报酬外，员工最关心的就是个人的发展前景。绩效结果应该是人才盘点的依据，对于绩效得分高的员工，公司应该提供技能或领导力培训，在其中挑选培养后备干部；对于绩效成绩低的员工，公司则应限期进行绩效提升，将未能达标的员工劝退或者调岗。

第二，荣誉奖励更有利于激发员工积极性。荣誉奖励是公司最容易忽视的激励方法，很多管理者都认为其不够"实际"，所以激励效果平平。但事实上并非如此，如果公司能在内部形成一个重视荣誉的氛围，那么一张奖状也可以提升员工的积极性。例如，将优秀员工塑造成"企业之星"，每年在公司的年终会议上为其颁发荣誉证书，久而久之，"企业之星"就会成为衡量工作成绩的一种体现，员工都会以得到它为荣。

7.3 处罚机制

以下为某公司绩效考核的结果，如图 7-1 所示。

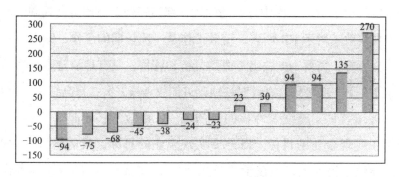

图7-1 某公司绩效考核结果

图 7-1 中每一个柱子代表一个人的绩效工资差异，150 代表这个人的工资比给他设定的绩效工资多发了 150 元，−150 代表某个人的工资比设定的绩效工资少发了 150 元。该公司的人均年薪是 17.8 万元，如果干得好，领导会奖励 20~300 元，如果干得不好最多只会扣 100 元，基本上大多数人

都是没有任何奖惩的。

这样应用绩效结果显然是不会起到明显的激励效果的，基本上属于走形式。真正的绩效结果应用应该奖得让人高兴，罚得让人心疼，这样才能起到明显的激励作用。

为了保证最好的激励效果，公司必须设置严格的处罚机制。例如，公司应该把绩效成绩不理想的员工与绩效成绩优秀的员工工资拉开差距，让员工从物质上对提高绩效成绩产生动力。另外，公司还可以实行末位淘汰制，对绩效成绩排名靠后的员工，予以调岗或清退。

7.4　帮助改进绩效

绩效考核的结束并不是公司绩效工作的终点。对部门管理者而言，绩效考核反映出了员工工作中存在的问题，部门管理者需要协助其制订改进计划，提高绩效。对于 HR 而言，绩效工作是一项长期的工作，绩效考核运行的结果好不好，需要 HR 做出专业的分析和评价，只有理清楚本次考核的缺陷，才能在下一次考核时有针对性地改进绩效考核方案，提高绩效管理水平。

改进绩效是实施绩效考核的目的之一，绩效考核不是为了扣员工钱，而是为了实现企业的目标。既然要实现企业的目标，就需要持续地改进。因此，绩效考核的重点不在于"考"，而在于"优化"。部门管理者作为员工绩效考核的直接负责人，需要在绩效考核结束后与员工进行反馈面谈，根据这一次的绩效考核结果，协助其设定工作目标。

改进绩效是整个绩效工作的升华，它可以帮助员工厘清现在的工作状况，规避现有问题，在未来获得更好的工作效果。改进绩效的步骤可以分为以下五步。

1. 情况分析

部门管理者和员工在制订绩效计划之前需要对现有的工作情况进行分析，而不是直接进入改进环节。这一步可以让员工对当下的工作情况进行梳理，有逻辑地去改进绩效。

2. 寻找最佳标准

部门管理者和员工要找出当前工作的最佳绩效标准，可以以同事或其他公司员工的绩效考核成绩为参照，设置员工新的绩效目标。

3. 研究最佳标准

部门管理者和员工要对最佳的绩效考核成绩进行分析，找出该员工做得好的原因、方法和秘诀。

4. 提炼最佳方法

部门管理者和员工要对最佳的工作方法进行提炼，将其变成可执行、可推广的通用方法，以此为模板，确定改进员工绩效的方法。

5. 制订书面绩效改进计划

部门管理者和员工确定的绩效改进计划最终应落实成书面的形式，然后汇总到 HR 处归档保存，作为日后工作的依据。

第 8 章
用户开发：先于产品开发

传统的从产品到用户的产品生产理念已经开始不适应如今的买方市场了。产品过剩且同质化严重，让消费者有了更多选择。因此，现在创业者正确的产品生产方式应该是：先锁定目标用户，进行用户开发，再根据目标用户的需求去研发产品。

8.1　新型用户探索理念

现在的用户探索理念与以往的用户探索理念大不相同。在以往的用户探索理念中，创业者会根据经验来设定产品概念，而不是通过收集用户需求信息来确定，而且一般是先投入大量的资源对产品进行开发，再确定用户的购买意愿。现在的用户探索理念强调根据用户的需求去设定产品概念，然后通过产品模型去测试用户是否愿意使用该产品。公司在没有确定产品能否满足用户需求之前，是不会为此投入大量资源的。下面简要介绍一下现在的用户探索理念的要点和流程。

用户探索理念有以下三个要点。

1. 找准核心用户

在用户探索的过程中，创业者要先从少量用户的需求入手，也就是从核心用户的硬性需求入手，这样可以避免广种薄收。

2. 培养天使用户

天使用户是极少数的用户群体。这个用户群体对产品功能和服务的要求非常高。创业者通过培养天使用户，可以达到检测产品功能并得到有效的反馈信息的目的。

3. 根据最初的创意开发产品

坚持最初的产品概念，努力寻找有需求的用户，不要因为小部分用户的意见而大量修改产品概念。因为最初的产品概念是创业者思考最久的结果，也是创业者最有能力研发出来的产品。如果在没有大范围地进行用户探索之前，就把产品概念修改得面目全非，很可能会导致最终研发出来的产品既不符合公司的目标，又不符合用户的期待。

用户探索的流程有以下四步。

第一步，争取支持。创业者要想获得更多的资源，就需要资源方的支持。

第二步，提出假设，包括对产品概念的假设、潜在用户的假设等。其中，潜在用户的假设包括用户类型的假设、用户待解决问题的假设、用户生活工作细节的假设等。有几个关键问题创业者可以反复问自己——用户的日常工作有哪些？用户日常碰到最痛苦的问题是什么？用户目前都是怎么解决这些问题的？自己的产品对于解决同样的问题有哪些优势？创业者提出假设后，应该尽快提出正确的解决方案。

第三步，检验有关待解决问题的假设，需要约见潜在用户，验证用户的问题，深入理解用户并收集市场信息。这一步的关键点是确认用户痛点和现有的解决方案。

第四步，检验有关产品（解决方案）的假设，需要评估产品的假设，并准备产品原型供演示，再次接触用户并验证、修正假设等。这一步的关键点在于确定假设的产品是否是一种更好的解决方案，可以解决用户亟待解决的问题。创业者的目标不是为了给产品增加新功能，而是根据用户的反馈意见，确定产品的最小功能集合。

8.2　痛点访谈，找准谁是你真正的用户

所谓的用户痛点，就是用户迫在眉睫又无法得到满足的需求。如今的时代再也不是商家制造什么产品，用户就买什么产品的时代了。用户就是"上帝"，只有产品需要满足用户的需求，才能够得到用户的青睐。在生活中，很多公司为了吸引用户，便把自己的产品硬说成是针对用户痛点研发，并利用自己以为的用户痛点来夸大自己的产品，妄图吸引更多的用户，然而这种做法却不能真正为公司留住用户。

以国内餐饮行业为例。

国内的餐饮公司目前正在被互联网的发展改变着，很多互联网平台正在转战餐饮行业。在线上餐饮行业的营销大战中，价格首先成为餐饮公司之间的竞争焦点。餐饮公司认为，只要自己的产品符合用户追求价格低廉的需求，便可以吸引用户。的确，价格是用户的痛点，但并不是用户的真正痛点，也不是用户全部的痛点。

线上餐饮的崛起，使得整个餐饮行业发生了巨大的改变。从价格和便利性方面来说，线上餐饮确实比传统餐饮经营方式更有优势，但是国内的所有线上餐饮只是给用户提供了一个平台，通过平台将线下的实体餐饮公司聚拢到线上，平台不自己生产食物，也不提供餐饮配送，只是为了给网站引来流量。

另外，国内的线上餐饮和实体餐饮公司互相矛盾。实体餐饮公司希望通过平台引来大量的客流量，而平台希望实体餐饮公司能够给用户更多的优惠，为自己的网站引来流量。这种通过平台聚拢用户来影响实体餐饮公司降价的方式，并没有真正改变国内餐饮行业的产业模式，只是在餐饮行业中分了一杯羹。

从以上的分析来看，国内的餐饮公司并没有找到用户真正的痛点，所以才会用价格战留住用户，但这只能给餐饮公司带来短暂的繁荣，并不是长久之计。

其实，线上餐饮的问题出现在落地环节上。也就是说，餐饮公司想要更好地留住用户需要注意两个方面的问题：一是提高行业的信息化程度；二是要生产用户喜爱的菜品并提供周到的服务。下面就详细分析国内餐饮公司出现的问题。

1. 餐饮配送慢

很多用户在网上订餐时都很关心这个问题。但就目前的情况来看，餐饮配送让用户感到很失望。造成餐饮配送慢的原因是国内线上餐饮只是搭建了一个平台，通过平台为实体餐饮公司带来用户。除此之外，其余的事情都由实体餐饮公司完成，然而线下实体餐饮公司却没有配套的硬件设施为大量的订单做好充足的准备，人员不够，管理不当，导致餐饮配送慢。这是造成用户减少的主要原因。

2.价格和菜品不成正比

为了吸引用户，线上餐饮行业打响了价格战，可是价格并不是用户真正关心的问题。用户真正关心的是性价比。用户线上订餐并不希望能省下多少钱，而是更希望菜品质量好。当然价格低廉的好菜品会有更大的竞争优势，如果菜品质量好，价格也划算，就非常符合用户的性价比要求。

3.实体餐饮公司和餐饮O2O平台产生矛盾

线下实体餐饮公司承担的费用高，利润低，线上餐饮平台确实能为实体餐饮公司引来客流量，但是线上餐饮平台希望线下实体餐饮公司能够给用户带来更多的优惠，为平台增加流量。在层层剥利后，用户想要吃到价格优惠、质量好的菜品实在是难上加难。

通过线上餐饮行业的案例，创业者应该了解到只有真正找到用户的痛点，才能获得用户的认可。那么，如何通过用户痛点找准真正的用户呢？下面列出几点建议。

第一，寻找用户痛点

用户没有得到需求的满足，说明行业目前还没有找到完美的解决方案。而用户迫切希望能满足的需求，就是创业者需要解决的真正的用户痛点，该行业的潜在市场。

第二，将用户痛点的成本压缩

在解决用户痛点的时候，创业者要将解决用户痛点的成本压缩到最低。通过提供便宜的产品和服务为公司赢取利益，以此扩大公司的规模。

第三，提高解决用户痛点的效率

提高解决用户痛点的效率在很大程度上是为了节省用户的时间，提高用户的体验率，这样才能更快地找准需要产品的真正用户。

第四，提高解决用户痛点的品质

提高解决用户痛点的品质，就是提升产品的用户体验。一部分用户的产品体验好，再将口碑扩散出去，自然而然就会吸引越来越多的用户体验产品，找到真正用户的概率才会越大。

8.3　跨越鸿沟，吸引主流用户

跨越鸿沟理论是把用户分成三个等级。

第一个等级用户是创新用户，也就是所谓的产品尝鲜者。这类用户是新产品的忠实粉丝，如苹果手机的创新用户，会在苹果手机的每一代更新优化后抢先购买最新款，不管自己是否需要都会购买，以满足自己对技术挖掘的需求。这类用户数量不多，占总相关用户的比例不到10%。

第二个等级用户是主流用户，主流用户占全部用户的很大一部分比重，是产品的主要用户。这类用户有着清晰的头脑，不会因为出现新产品就盲目购买，而是要看自己有没有相关方面的需求，即使产品满足自己的需求，也不会立即购买产品，而是要通过询问、对比后才决定自己是否需要购买。

第三个等级用户是怀疑主义者，怀疑主义者认为一切的新产品都没有老产品实用。这种比较保守的思想对推广新产品来说是致命的打击。不过这类用户的比例也很小，与创新用户的比例不相上下。

从用户所占的比例来看，产品研发应该主要面向主流用户。但跨越鸿沟理论告诉创业者，研发产品先要针对的并不是主流用户，而是创新用户，这是为什么呢？

第一，在信息化时代，科技发展迅猛。用户可以通过各种渠道和工具来接收大量的信息，对产品的性能有一个比较完整的判断，这就造成了大部分用户开始向创新用户发展，创新用户和主流用户的占比不断拉近。

第二，跨越鸿沟理论认为，主流用户基本上是一群跟风主义者，没有自己的判断和认识。主流用户对新产品的认知和判断都是通过创新用户形成的，所以，创业者在研发新产品时可以从创新用户切入，进而带动主流用户。

根据跨越鸿沟理论，创业者应该如何实现跨越鸿沟，吸引用户呢？下面提供三个要点供创业者参考。

要点一：单点突破

在测试产品的过程中，创业者要先进行小范围试验，将产品测试集中在创新用户群中，把创新用户群作为突破口，以此来寻找用户使用产品的痛点。

要点二：以点带面

将有限的资源集中到创新用户群后，就要以点带面地带动主流用户。因为主流用户对新产品的看法是根据创新用户的认知而形成的，所以，利用创新用户带动主流用户，胜算的概率才会大。

要点三：针对天使用户研发产品

针对天使用户研发产品是新产品入驻市场的一个关键原则。天使用户在本质上属于创新用户。天使用户是一群对产品要求比较高的人群，为了得到自己得不到满足的需求，愿意付出代价来尝试新产品和解决方案。如果产品的解决方案没有达到自己的要求，天使用户就会参与改进产品，唯一的目的就是希望产品能更快地完善解决方案。

8.4　Strikingly 如何找到前 1 000 名用户

Strikingly 是上海鲸科信息科技有限公司旗下的一款 DIY 建站产品，通过 Strikingly 可以让不懂如何操作网络程序的用户在短时间内建立自己的网站。Strikingly 刚被研发的时候，并没有将产品模型投放到市场上来征求大部分用户的意见，而是将用户目标锁定在仅有 100 位"超级粉丝"的用户群中，并根据这 100 位"超级粉丝"的反馈意见不断地对产品进行修改和调整，做出"超级粉丝"真正喜爱的产品。

Strikingly 在选择 100 位"超级粉丝"时，并没有采用复杂的方法，仅向用户提出一个问题，那就是：如果 Strikingly 产品不再出现在人们的生活中，你会有什么样的感觉？如果用户回答说，Strikingly 产品的消失将会给自己的生活带来极大的不便，为了让 Strikingly 产品维持下去，很愿意去想办法帮助改进，那么这位用户就是一位"超级粉丝"。

设计 Strikingly 的团队在一开始的时候首先找到了学生组织及创业公司，把他们当作体验产品的用户，邀请他们使用 Strikingly 来创建网站。这些用户的数量超过 2 000 人。Strikingly 的创始人通过 Facebook 把这 2 000 多名用户都加为好友，除了积极主动地与用户聊天之外，还经常邀请用户出来喝咖啡。久而久之，用户和设计团队成了朋友。团队在与用户的交流过程中，获得了很多对设计 Strikingly 产品的宝贵意见，当然这些超级用户也会把产品主动介绍给身边的朋友。

有一次，Strikingly 的一位创始人在 Facebook 上发现一个用户投诉了自己的产品，其原因是这位用户通过 Strikingly 创建网站的页面出现了问题，急于寻找解决方法却联系不上 Strikingly 团队的人员，一气之下投诉了 Strikingly，并要求 Strikingly 赔款。

就在 Strikingly 团队绞尽脑汁想办法安抚用户情绪的时候，一位

Strikingly 产品的超级用户站了出来，很快地回复了投诉的问题。这位超级用户在回复中说道："Strikingly 客服的服务是十分周到和热情的，对处理用户反馈的问题从来都是果断和迅速的，这次之所以没能够及时地回复问题，一定是遇到了紧急情况才无暇顾及，并表示自己可以帮助团队解答投诉用户所提出的问题"。

两位用户交流了很久，直到团队成员找到解决方法并加入讨论中，这位超级用户才离开。在交流结束后，投诉 Strikingly 产品的用户对团队的服务及那位帮助回复问题的超级用户大为赞赏，后来也成为 Strikingly 产品的超级用户。

当 Strikingly 成功地得到超级用户周围所有朋友的认可后，网站用户的增长开始停滞。这时，团队找来了一些比较愿意发布产品信息的小型媒体，通过讲述自己的创业故事来传播自己产品的信息。后来，团队又把目标锁定在受用户欢迎的大众媒体上，可是几乎没有一家大众媒体愿意浪费时间去播报一个新兴产品。

宣传难度的上升并没有使 Strikingly 团队放弃，团队通过借助各种网络工具和人工渠道获取了许多大众媒体的联系方式，然后一个一个地打电话，一个一个地发送邮件，甚至通过联系地址直接上门拜访。终于，团队获得了《纽约时报》的认可。《纽约时报》的首肯为 Strikingly 的声名远扬奠定了基础。在接下来的日子里，Strikingly 团队陆陆续续地又被 50 多家主流大众媒体报道创业故事，就这样，Strikingly 网站在短时间内增长用户达 2 万人。

Strikingly 的故事告诉创业者，有时候，新产品并不需要在开始的时候就得到主流用户的认可。通过从创新用户群着手，把创新用户当作朋友一样去对待，创新用户就会成为产品的超级用户，为产品传播贡献力量。找准产品的真正用户，将会使产品受益无穷。这种从点到面的突破是新产品站稳市场的有效方法。

8.5　市场、渠道、定价、合作伙伴与用户匹配度

友讯集团（D-Link）成立于 1986 年，以自创的 D-Link 品牌行销全球，产品遍及 100 多个国家及地区。

D-Link 品牌的成功取决于产品对市场、渠道、定价、合作伙伴与用户匹配度的密切组合。熟悉 D-Link 的人都知道，D-Link 除了对市场的渠道构建有成功之道外，还扩展了产品服务的增值概率，加上培养合作伙伴的项目服务技能，D-Link 已经不再仅仅停留在满足渠道的表层上，而是通过多元化的组合，更好地释放出市场组合拳。下面阐释 D-Link 的成功之道。

1. 渠道与市场相结合

D-Link 商行管理人员曾指出："结合市场的情况，D-Link 的核心优势——全网产品营销将会再次扮演主导角色，从无线、布线、监控、路由到 KVM 等 10 条产品线，多元化产品优势形成统一的品牌利器，D-Link 的重点工作就是在全网产品营销的三个层面，与广大渠道伙伴找到更高的市场价值点"。这实际上就是 D-Link 在渠道政策上的一个亮点，即通过推动代理商来实现渠道和市场的结合，实现服务增值概率和海量分销捆绑，赢得合作伙伴的忠诚，让更多的合作伙伴看到 D-Link 在商业市场中能够制胜的信心。

2. 帮助合作伙伴提升业绩

在利益共享的状况下，D-Link 在要求自身销售团队的同时，还会努力地帮助合作伙伴提高业绩，通过将更多的成型项目和服务增值机遇提供给合作伙伴，来增加合作伙伴与 D-Link 同吃苦、共患难的决心。从业务环节的角度上来看，D-Link 确实做到了商机、物流、资金流及售前工作完全转

到渠道端，D-Link 并非只在新项目中进行针对性的开拓新代理，而是有的放矢地将现有的商业资源分配到现有的代理商手中，不仅授之以鱼，更是授之以渔。

3. 产品定价要实现渠道和谐

公司应该如何设置产品价格才能实现销售量和利润的最大值，关键在于实现渠道和谐。如果公司在不同的销售渠道中建立了和谐度，就可以缩小渠道矛盾，实现最大化的销售利润，而且能够提高产品在市场中所占的比重。那么，公司怎样才能实现渠道和谐呢？应注意以下几个要点。

（1）细分用户和渠道

通过收入和利润来细分用户和渠道，可以筛选出对公司最有用的用户和渠道伙伴，高收入和高利润的用户和合作伙伴是价值最高的；反之，则是最低的。公司还可以通过收入和利润的细分方式锁定服务的密集用户对象，再根据用户对象提供服务渠道，以此可以区分不同合作伙伴的角色。

（2）制定定价策略和价格

对合作伙伴和用户进行细分后，接下来就是制定定价策略和产品价格，公司要根据不同的用户群和合作伙伴来制定相应的产品价格。一个有效的定价策略对用户的增长和培养合作伙伴的忠诚度有着非凡的意义。

（3）为盈利而谈判

"合适的产品价格"在销售谈判时往往会被大幅度降低，这就影响到了公司的盈利模式。在这种情况下，公司的销售团队就要开始为盈利而谈判。因此，销售团队必须与其他各部门协调一致，在谈判过程中要彻底了解公司的整个营销流程，只有这样，才能为公司的盈利而谈判。

贴近用户，贴近渠道，挖掘用户市场的新需求，与合作伙伴在实践中不断地产生业务价值，通过实现渠道和谐来制定产品的价格，是在商海中制胜的法宝，也是产品脱颖而出的关键所在。

8.6 用户生成是公司的源泉

用户生成是在提出产品假设并且进行反复验证后，积累用户资源的过程。公司所研发的一切产品都是为了满足用户的需求，并且公司的未来发展也是由用户资源决定的。所以，不断地积累用户和生成天使用户是公司良好运行的必要条件。那么，初创公司在一开始没有自己的品牌声誉时，该如何去拉拢用户呢？

对此，初创公司的主要任务就是在用户验证的基础上，尽量通过用户反馈的信息掌握用户的工作和生活细节。这就要求创业者做到以下 4 点。

1. 约见天使用户

产品投放到市场上验证的时候，创业者要将产品集中投放在某一区域范围内。这一范围应该是需求度高并且为了满足需求愿意做出贡献的天使用户群。在产品投放初期，创业者没有必要将产品投放到自己锁定的目标用户身上，只要是与产品相关的领域或行业都可以寻觅到天使用户。接下来就是邀请这些天使用户参与调查。因为天使用户是喜欢研究产品、追求科技潮流的，所以，这些用户可以为产品的研发提供非常有价值的信息，并且还会积极地参与到产品的研发过程当中，成为产品的顾问及推广产品的候选人。

2. 验证用户问题

创业者要想俘获用户的芳心，就要真心地与用户成为朋友，向用户倾诉自己对产品问题的理解，甚至将解决产品问题的方案与用户共享，认真听取用户的反馈意见。然后将产品的问题生成列表，询问用户目前的解决方案，最后拟订自己的解决方案。

向用户展示了产品的问题列表后，创业者就要询问用户是否认同产品研发的假设，以及产品研发过程中有哪些问题不被认可、哪些问题没有满足需求。在询问用户当前的解决方案时，创业者需要询问用户心目中对产品出现的问题有什么好的建议和方法，然后就用户提供的解决方案让用户进行可行性的排序。

通过用户提供的意见和建议调整产品的解决方案后，创业者再将调整后的解决方案展示给用户，进一步观察用户对产品的反应，然后询问用户对目前的解决方案是否满意。邀请用户参与调查时，不仅要检验假设中的产品，还要更多地去了解用户的工作和生活细节，真心地与用户结为朋友，这样才能进一步地留住用户。

3. 深入理解用户

深入理解用户就是要思考有哪些有效的办法能直击用户的内心。比如，在何种情况下用户会愿意放弃之前的产品而使用新产品？那些优秀的受访者是否愿意再次接受邀请？是否愿意成为产品顾问或产品推广的候选人？是否愿意将产品推荐给自己身边的亲朋好友？

4. 收集市场信息

除了向同行的工作人员、行业内的分析师收集用户的相关信息外，创业者还可以通过参加行业会议和贸易展销会的方式，了解产品的市场趋势及用户需求的变化。

8.7　以用户为核心做产品

近几年，移动互联网以雷霆之势席卷全球，让无数企业站在了转型与变革的十字路口。产品之所以有价值，就是因为它们能为消费者解决问题，比如一个人买一把电钻，需要的不是电钻本身，而是墙上那个洞。如果有其他产品可以更便捷地在墙上打一个洞，那么消费者就不需要电钻了。

从"以产品为核心"转变为"以用户为核心"是现今市场做产品的必然趋势，产品的所有功能标准都应当围绕客户需求而制定，这样产品在保证质量的同时，才能受到消费者的欢迎。同时，在产品的设计中加入互动性，收集用户信息，升级用户体验，也是传统企业转型的关键。

以小米为例，小米 MIUI 的第一版发布于 2010 年，当时只有 100 个用户，是团队从第三方论坛"拉"来的。没有广告，没有宣传，只依靠用户的口耳相传，一年后 MIUI 拥有了 50 万用户。

这 50 万用户全部来自用户的口碑，这同时也是小米创始人雷军主张的互联网思维的核心，如图 8-1 所示。

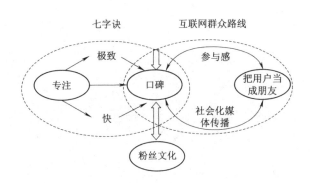

图8-1 雷军的互联网思维

围绕以口碑为中心的理念，小米 MIUI 的开发团队创建了"橙色星期五"的开发模式，以开发团队和用户的论坛互动为核心，如表 8-1 所示。系统每周一更新，周五集成开发版，用户可以在论坛中进行投票，生成"四格体验报告"，切实地从用户出发去改进产品。

表8-1　橙色星期五互联网开发模式

周一	周二	周三	周四	周五
开发	开发/四格体验报告	开发/升级预告	内测	发包

　　一些用户觉得产品的升级迭代很难被自己感知。虽然产品在诸多方面做出了调整，但很多用户经常觉得其与之前"没有什么区别"，甚至比之前需要的储存空间还要多，白白浪费了更新的时间，甚至内存还更小了，所以就选择不更新。

　　小米的"橙色星期五"开发模式很好地解决了这个问题，产品的每次升级，用户都可以感知，甚至能知道哪方面是根据自己的建议改进的。这样用户不仅是产品的使用者，还是设计者。由此，用户成为真正意义上的产品的主人，如图 8-2 所示。

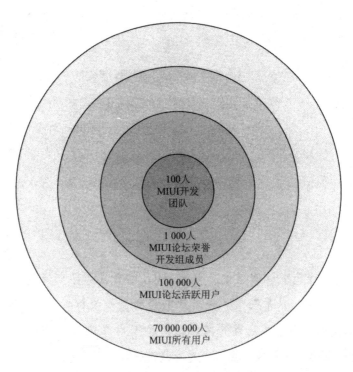

图8-2　小米的互联网开发团队模型

以小米第 198 周的版本发布为例，我们来具体介绍一下橙色星期五开发模式是如何让用户参与到产品开发中来的。

首先，这个版本是 MIUI 第四年的 7 月 25 日发布的，所以，其版本号就是 4.7.25，很好理解，也方便用户记忆。

其次，是这个版本的更新日志，如图 8-3 所示。

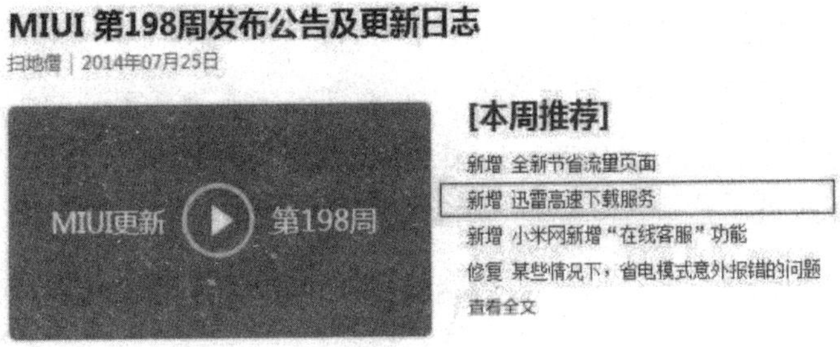

图8-3　MIUI第198周发布公告及更新日志

然后是版本视频演示，如图 8-4 所示。

图8-4　MIUI第198周发布的版本视频演示

MIUI 每一次的产品更新除了发布公告外，都会用视频的方式进行功能演示。以这样的方式清楚地告诉用户，产品在哪些方面做出了调整、更新后的功能如何使用及与之前的版本有什么不同等。有些用户对产品不是特别精通，因此，很难自我感知产品的新功能和操作，这时这个产品演示就显得很有必要了，利用视频演示，直观地告诉用户哪些场景配合哪些功能。

"橙色星期五"开发模式的另一个特色是四格体验报告，其内容包括本期刷机心情、本期最有爱更新、下期 OTA 更新期待、本期最不给力更新四部分。用户需要对这四部分内容进行投票评选，满意度超过 30% 的，该项功能的开发团队就能获得奖励，如图 8-5 所示。

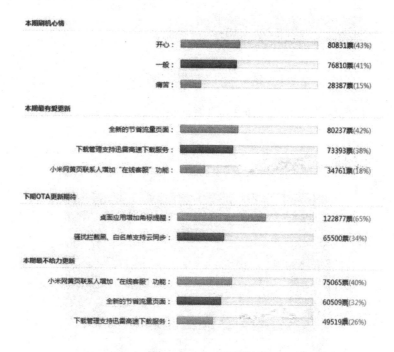

图8-5　小米4.7.25版本的四格体验报告

如图 8-5 所示，在"本期最有爱更新"的投票中，"全新的节省流量页面"和"下载管理支持迅雷高速下载服务"的投票比例为 42% 和 38%，已经达到了获奖资格。从这个报告中可以看出，这两项更新与用户当下的需求比较契合，这两个功能可以在后期进一步拓展。

小米的每个版本都要由 MIUI 论坛荣誉开发组成员评测，如图 8-6 所示，这个荣誉开发组是由 1 000 名资深用户组成的。这些用户基本上属于产品的意见领袖，他们的建议有鲜明的"荣组出品"的标识，可以引导一部分新人用户的决策。

用户测评

【荣组出品】【新功能测评】（4.7.25）--全新节省流量页面等
安全中心--网络助手--流量节省，界面全新改版，更精美，操作更便利，还可以看到节省率和节省下来的流量都能做哪些事情，流量排行查看最近节省了多少流量。▼

【荣组出品】流量节省全新改版为你节省每 1 分钱
大家好，我是大荣组成员 xujun0625，发布会已经过去俩天了，这次的新品有没有震撼到你呢？反正把我震撼了！看到新品我就有种想要买的冲动！但是平时花钱不知道节省，裤中银子有些羞愧，看到"流量助手"里的"流量节省"给我了一个启发，节省应该从点滴做起！什么都得控制着去节省，这样我们就不会成为月光一族。

【荣组出品】全新节省流量、迅雷加速服务等，你值得体验!!
Hello，米粉朋友们大家好，今天来给米粉朋友们介绍下，MIUI 第 198 周更新的几个给力的功能！基本上与我们平时在玩机过程中息息相关的，比如说全新的节省流量界面，是不是比之前的帅多了呢，更重要的是还可以看见节省率和节省下来的流量都能做哪些事情，是不是很人性化的

图8-6　荣誉开发组的新功能评测

小米每个版本公告后都会向为其提出有价值反馈的米粉公开表示感谢，如图 8-7 所示。这是产品对用户的反馈，用户看到自己的建议受到了公司的重视并切实应用到了产品改进的过程中，会提高其反馈的积极性，也可以使公司的反馈机制进入一个良性循环，进而收到源源不断的优质反馈。

致谢用户

g.ife 反馈 "刷新"按钮按下状态显示不对的问题
狼蒙会狼猛 反馈 邮件发送失败时，"暂不发送"按钮无效的问题

图8-7　小米版本公告后的公开感谢

小米还会对版本发布期间的产品相关事件进行报道，如图 8-8 所示，这样在宣传产品的同时，还能进一步提升用户的参与感，让用户更加深入地了解产品，拉近与用户距离。

MiWiFi ROM第32周更新日志：埋种子(说看法赢红米NOTE F码)

本周推荐：

本周着重优化了网络稳定性，让上网体验更加畅快。Android客户的一些问题也得到了修正，一键升级和系统通知将更加靠谱。看起来更新并不多，但在Rom深处，我们悄悄埋下了几个新功能的种子，很快会发芽长大，敬请期待吧！

工艺和手感超乎想象 小米手机4媒体报道&测评完全汇总

2014年7月22日，小米科技在北京国家会议中心召开了"2014小米年度发布会"，之前关于小米4的一切传闻终于在昨天下午落下帷幕。作为小米最新一代旗舰级产品，小米4从2013年2月开始立项，到现在总共历时近18个月，可谓几经波折。相比以往几代产品，小米4最大的亮点集中在设计、工艺和用户体验上，全金属中框更具质感，在制造方面增加了相应的难度，也体现了小米的用心。当然，在配置方面，小米4同样达到了目前的高端水准，内部搭载一颗主频为

图8-8　小米版本发布期间的信息动态

小米的案例反映了创业者做产品最需要的心态，即"用户说可以，就可以"。用户是直接接触产品的人，对产品最有发言权。创业者想要做出有销路的产品，就必须以用户为中心，否则做出的产品只能束之高阁。

第 9 章
产品生产：最小可行性产品

收集完用户的需求后，接下来就要开始生产产品了。然而产品的生产不是一蹴而就的，而是要大胆假设、小心求证。小心求证的关键在于生产最小可行性产品，将减法做到极致再进行加法，这种生产模式能让产品在短时间内得到快速验证，从而可以灵活地调整产品方向。

9.1　什么是最小可行性产品

最小可行性产品是针对天使用户的最小功能整合出来的。第一，天使用户指的是产品针对的一些极小的用户群。这些用户对产品有着比较高的需求，创业者将生产出来的最小可行性产品原型投入到这群用户中进行测试，能得到较好的反馈意见，从而对产品进行修改完善。第二，所谓的最小功能整合是指最小可行性产品无论是在市场端还是在产品端，都处于最简状态，需要创业者根据用户的需求，一步一步地进行加法，不断地给产品增加功能，然后从"0"到"N"进行复制，最终得到一个满足用户需求的成型品。

在了解了最小可行性产品的基本定义后，下面给创业者介绍制作最小可行性产品的三个基本步骤。

1. 设计最小可行性产品

做任何产品之前，创业者都要先将自己脑海中的假设设计成图形，然后再根据图形对产品的功能进行精心调整和修补。在设计最小可行性产品的过程中，最主要的任务在于把产品功能排序和用户排序对应起来。因为制造产品是为了满足用户的需求，在设计过程中将产品功能排序和用户排序相对应，能够有效地节约时间和资源，而时间成本和资源的有效利用又是创业者进行创业的本质要求。

2. 测试产品和收集数据信息

创业者按照设计好的图形制作出最小可行性产品的原型后，就要将最小可行性产品投放到天使用户群中进行测试，然后不断地收集天使用户的反馈信息，根据信息对产品进行修改完善，再将修改完善后的产品投入到天使用户群中进一步测试并收集数据，并将收集到的数据信息和原来的数据进行比较，最后决定是否要对最小可行性产品进行调整。

3. 获取认知，快速迭代

最小可行性产品是一个完整并不完美的产品，创业者只有在测试产品的过程中不断获取认知，反复试错，才能不断地修正完善产品。在这一过程中实现对产品的快速迭代，摒弃产品不合时宜的功能，加快对产品功能的创新。

生产最小可行性产品是一个对产品认知的循环过程，起始于最小可行性产品的设计，然后对产品不断进行测试验证，通过对收集的数据信息的不断比较，反复试错，最后获取认知，实现对产品的快速迭代。

随着互联网的迅速发展，众多的商家和创业者从互联网中看到了越来越多的商机。不同行业的崛起和同行商家的增多，使竞争日益激烈，拥有创意想法对创业者来说十分重要。一份好的创意想法会让创业者的公司和产品在同质化严重的市场中脱颖而出。虽然说创意对初创公司很重要，但是也不是任何创意都能拥有市场。这里所说的创意是能够解决人们日常生活中实际存在的问题的创意，才能让创业者成功开辟市场。

真正具有颠覆性的创意想法是能解决用户痛点的，能为用户的特殊需求提供解决方案的，或者说，这个创意想法能让用户在生活中的某个方面更加便利。在创业的初试阶段，创业者可能没有任何用户。如果创业者在此时能关注到用户的某种未能得到满足的需求，并且积极努力寻求解决方案，就可能比其他公司先一步占有一片未开拓的市场。

9.2　想象中的用户痛点与真实的用户痛点

创业的本质是价值创造。所谓价值创造就是为谁创造价值。价值创造既不是美国人通常认为的股东利益最大化，也不是德国 20 世纪 80 年代之前由工程师决定什么样的产品有价值，而是由用户决定什么样的产品有价值。

如何让用户决定产品的价值呢？就是寻找用户痛点，并解决用户痛点。当用户痛点和提供的解决方案相吻合时，产品就能为公司提供最大的价值。因此，任何形态的创业最后都会演变成如何正确地识别用户痛点，如何提供正确的解决方案。然而，有些创业者在最初创业时就会犯一个错误，即凭空想象用户痛点，但这个痛点未必与用户真实的痛点相吻合。

在创业过程中，有很多创业者都会大肆宣扬，"我的项目解决了用户的很多痛点"。但他们口中所谓的痛点，对用户来说确实是真的"痛"吗？如果创业者口中的"痛点"只是解决了一小部分用户的需求，那么就不是主流的用户痛点，而是伪痛点。

举例来说，有一位从事体育项目的创业者，自身是篮球运动爱好者，想提高自己的球技，但一直苦于没有好教练。于是，他就打算做一款 App 帮助用户解决找教练这一难题。这就是一个典型的伪痛点，因为大多数人打篮球的主要目的是锻炼身体，或者是娱乐，提高球技是少部分人的需求。如果创业者以自己的标准来定义产品，那么受众群必定会受到限制。因此，创业者必须清楚主流市场与自己需求之间的差距，清楚自身与主流用户之间是一个什么样的关系，这样才能更好地判断产品的市场需求。

除了不符合主流用户的痛点是伪痛点外，那些对用户来说无关痛痒的痛点也是伪痛点。这些伪痛点虽然也是用户痛点，但并不是用户的核心需求，也就是对于用户来说可有可无。因为每个用户都会有很多痛点，但是任何产品都不可能帮助用户解决所有的痛点，所以只能尽可能地解决用户最迫切希望解决的痛点。图 9-1 所示为用户所有可能的痛点。

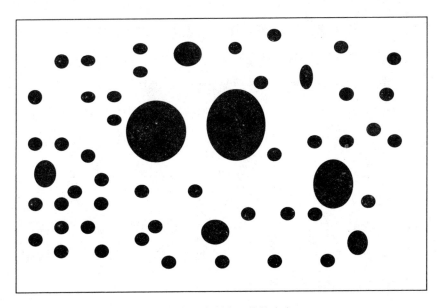

图9-1 用户所有可能的痛点

用户痛点有大有小，痛点越大，说明用户越"痛"。假设创业者设计的某产品只可以解决 1 个用户痛点，那么在这 100 个痛点当中，最优选就是图中两个最大的痛点。对初创公司来说，在生产产品时，应该先从这两个核心痛点出发，解决用户最"痛"的点，这样才能让产品更容易打开市场，更容易被用户接受。

9.3　领先用户，提前推出创造性新产品

"领先用户"的概念早在 1986 年就由麻省理工学院的埃里克·冯·希贝尔教授率先提出来了。埃里克·冯·希贝尔教授综合之前学者们的研究成果，发现用户，尤其是"领先用户"，实际上是很多创新的源泉。"领先用户"在工作和生活中往往使用的是最先进的技术和方法，但是对于这些技术和方法的表现并不满意，因而常常自己动手改进这些技术和方法。如果公司能够获知这些创造性的改进方法，并结合自己在生产和加工方面的优势，就有可能推出创造性的新产品和新的解决方案。

埃里克·冯·希贝尔教授指出，那些对产品或服务有特殊需求的领先用户，通常具备两种特征：（1）领先用户走在了重要市场趋势的前端；（2）领先用户会根据对产品或者服务的特殊要求不断地动手去改造、创新产品，有着强烈寻求解决需求方案的动机。

根据领先用户的特征可以看出，领先用户是用户的创新者，为了满足自身的高质量需求，通常会去主动提升产品的功能和服务，而且领先用户改造过的新产品往往会引领潮流趋势。

创业者对领先用户这个新兴概念有了一定的了解后就会发现，领先用户除了为了满足自身需求而主动去研发产品或者改造产品外，还会无私地将自己的创新产品公之于众，这会带动更多的用户去采用领先用户研发的产品或者提供的解决方案。

创业者将这些综合起来就会发现一个以用户为中心的创新系统。这个创新系统会在一定的条件下完全替代以创业者为基础的创新系统，不过在大部分情况下，以用户为中心的创新系统通常可以为创业者创造福利，因

为创业者可以利用领先用户的创意思维而提前推出创造性的新产品。下面给创业者详细介绍领先用户引领潮流趋势的原因，以及创业者在这种趋势中如何生存。

1. 创新民主化浪潮来袭

以前，创新一件产品，通常会将创新资源锁定在一定数量的创新者身上，可是在用户的心中，创新者的数量太少了，所以，公司要想创造一件新型产品，就必须将目光集中在预定的创新者身上。这种模式的产品出新率是十分低下的，而且聘请这些创新者支出的高费用及为创造一件新型产品支出的创新资源在一定程度上得不到充分利用，因为这些创新者并不真正了解用户的需求。

随着移动互联网时代的到来，使得开发产品的费用逐渐降低，开发成果也因此越来越多，许多用户没有经过专门的技术培训就能够使用创新工具。再者，通信的逐渐发达也让更多的创新因素公布在公共场合，并且免费获取的方式让领先用户可以更快、更容易地得到一些创新要素，加快了领先用户创新产品的步伐。

2. 适应以用户为中心的创新系统

以创业者为基础的创新系统将会被以用户为中心的创新系统完全替代。创业者在遭遇领先用户无私公开产品研发和提供解决方案的挑战时，就会面临生存问题。在这种情况下，创业者必须改变传统的专注打造产品的模式，把重点转向修改领先用户的设计中，通过修改领先用户的设计来生产创新产品。

3. 创业者的生存之道

就生产物质产品而言，创业者在其中起着非常重要的作用。领先用户在设计研发了一款新型产品之后，在推广阶段，可能会寻找合作伙伴进行产品推广，一旦产品得到了用户的普遍接受和认可，就需要大量的生产和复制，创业者的价值就在于此。创业者只有对领先用户设计开发的产品进行大批量的生产，才能让产品更有效地广泛推广，从而让更多的用户受益。

通过上面的信息可知，创业者在如今风云变幻的年代，不能再持有保守打造产品的思维，而是应该融合到以用户为中心的创新系统中来，寻求生存之道。那么，创业者怎么样才能在以用户为中心的创新系统中获取收益呢？相关研究人士指出了三种可能性。

1. 大批量生产领先用户设计的产品

创业者可以识别和选择领先用户的创新产品，并进行大批量的生产，或者对领先用户的创意产品进行修改和完善，加入一些新的功能，从而生产出更具有特色的产品，这样可以缩短创业者研发新产品的路径。

2. 为领先用户提供设计产品的平台

很多领先用户都希望自己设计的产品能快速地被制造出来。因此，创业者要抓住这个时机，通过为领先用户提供设计产品的平台，提高领先用户对产品的研发效率，就能"俘获"更多领先用户的心，从而提前推出创造性的新产品，比其他同行抢先一步占有市场。

3. 为领先用户提供互补性的产品或服务

很多领先用户在设计产品的时候，都会或多或少地用到相关性的产品或者服务，以此完成产品的创新。这时，创业者为领先用户提供互补性的产品或服务就可以达到抢占先机的目的。

9.4　以精简原型开发核心价值产品

很多创业团队认为，用户都会被完整又完美的产品吸引，开发者只有开发出功能齐全、外观美丽的产品，才能在投放到市场后获得用户的反馈。但事实证明，只要开发者将产品模型的核心功能开发出来，简单地组装在一起，并将产品投放到一定规模的用户群中供用户使用，就能获得有价值的反馈信息。

创业者不要认为精简的原型产品得不到用户的青睐，恰恰相反，用户很乐意与一些精简产品进行互动，并提供有价值的需求信息。制定产品的精简原型，能有效地验证产品的设计是否有效，从而为初创公司真正进行大规模研发产品奠定基础。

开发产品的精简原型过程，就是创业者把想法变成实际产品的过程，通过投入有限的资源和最小精力，研发出一款能体现核心价值的产品，就好像特种部队在与敌人进行一场生死搏斗时，只有在最短的时间内有效地占领高地才能取得最后的胜利。精简产品与传统产品相比，就是充分利用有限的资源和时间竞争市场，以最快的速度投入到市场当中，获得用户反馈信息，进而不断地更新迭代，完善产品。

利用有限资源做产品原型，创业者要做的就是对产品的阶段性重点进行划分，然后在每个测试阶段设计添加一些满足用户现有需求的、与众不同的功能，从而不断地形成用户基础。创业者必须在每一个产品阶段中都创造出用户需要并喜爱的产品，不断地完善产品，不断地测试并获取用户的反馈信息，然后持续地扩大用户基数，活跃用户度，提升用户增长率，然后时刻考虑如何才能从新产品或者新服务中得到更大的利润。

要知道，创业者在早期打造产品的时候不可能考虑到全部因素后再去执行，而是应该先利用有限的资源去打造一个简单的产品原型，通过小步快跑、快速迭代的方式，不断让产品满足市场需求，然后进行不断的迭代优化，促使产品努力达到用户心目中的完美产品。

那么，创业者在制定产品的精简原型后，如何才能通过产品的精简原型了解产品在市场上的可行性呢？下面给创业者提供几条思路。

1. 将采访用户养成习惯

创业者制作出精简的产品后，要走出去，通过寻找产品的潜在用户收集有价值的数据来验证产品的设计，通过与用户交流不断地完善产品的解决方案。这种方法也许创业者早已耳熟能详了，但是说起来容易做起来难，能够坚持下去的创业者几乎没有几个人，更何况将它培养成习惯呢？

很多超大型公司之所以能变得强大，是因为它们几十年如一日保持着良好的习惯。同样的，创业者将用户采访养成习惯，也能加快成功的步伐。

2. 以核心功能验证产品

其实，创业者要想迅速了解自己设计的产品是否可行，只需要将精简产品的核心功能凸显出来，将拥有核心功能的精简产品投放到市场中，通过用户点击使用核心功能的数据，就能得知是否应该继续完善这种产品的功能。产品如果不能在市场上得到认可，就要及时地调整产品的方向；如果确定了产品的可行性，就要对精简产品进行调整和优化，进一步增加与用户的互动。

3. 对产品的竞争进行正确判断

当初创公司设计一款新产品时，要对未来与新产品进行竞争的其他产品进行假设，或者借鉴现有的竞争产品对新产品的功能进行判断，判断哪些功能有价值，哪些功能毫无意义或者将会失去意义。但是如果对竞争产品判断错误，就有可能给新产品增添不实用的功能。

因此，创业者可以将同行的竞争产品看作免费的参考原型，通过观察用户如何使用产品、喜爱产品的哪些功能、没有用到过哪些功能等，对自己即将做出新产品的设计、营销方案进行调整。

4．设计简单有效的调查模式

调查问卷是一个很实用的方法，但是要想取得良好的效果，就需要设计一份实用的调查问卷。因此，创业者在设计调查问卷时，要尽量与产品的研究内容紧密结合。比如，创业者想为新产品设定一个合理的价格时，就可以在产品上设定一个弹窗，通过弹窗式的调查问卷来收集产品定价方面的有关信息，而不是通过给每位用户发送电子邮件进行长篇大论的询问，然后再进行复杂的收集整理。

5. 建立真正的数据原型

利用精简的产品原型去获得用户的反馈是一个良好的开端，但是在设计产品的过程中，创业者可能会获得很多信息。其实，开发一款真正的产品需要投入大量时间和资源。所以，创业者要想更快地大规模生产产品，就需要建立一个真正的数据原型。

王明在为优惠券网站设计优惠券页面时，需要通过真实的优惠券数据来评估自己的设计，于是他为自己的设计创建了一个原型，从用户那里获得了很多有价值的信息。王明通过反馈信息反复修改了多次，然后将完整的原型展示给用户，最终使自己的设计得到了认可，点击率显著提升。

9.5　利用极简功能的产品观察用户反应

为了防止自己生产出来的产品被用户忽视，创业者可以先将想法打造成精简产品，通过测试产品的核心功能来验证用户对产品的反应。这种利用产品的极简功能来观察用户反应的过程，被称为产品测试。产品测试能够有效地判断出产品的价值在哪里，产品应该具有什么样的价值。

全球最大的正版流媒体音乐服务平台 Spotify 的愿景是为了能在合适的时机里给用户提供适合的音乐，这一愿景在现实生活中也被众多用户喜爱，但是要想创建一个盈利性的平台，并不是一件容易的事情。

那么，Spotify 是如何在不破产的前提下去研发一款产品来实现公司愿景的呢？为了获取千万盈利和百万用户，Spotify 在初期就制定好了打造精简产品的基本路线，并且在观察用户反应的基础上去迭代优化产品。

Spotify 打造产品的周期模式减少了资源的浪费，与此同时，提升了产品品质、生产速度。通过打造极简功能的产品，快速地检测出用户对产品的反应，让 Spotify 在短时间内明确了未来公司需要"知晓"的事情。

Spotify 在高效测试产品的每个环节中都体现着精简原则：在验证阶段，测试了概念中最简单可行产品的价值；在创建阶段，在对产品进行测试之后创造了有形的最简可行性产品；在产品发布阶段和迭代阶段，通过逐渐发布的最简可行性产品，不断迭代优化来确保产品的生命周期和客户定位。

有形的最简可行性产品决定了产品的极简和产品的品质之间的平衡状态。Spotify 如果在一开始就打造了一款完整、完美、功能齐全的产品，需要耗费太多的资金和精力，而选择将一款特征并不完整的产品慢慢推进，则不会让 Spotify 面临窘境。因此，创业者必须在打造极简产品、观察用户反应的基础上，再进一步研发有价值的产品。最简可行性产品体现了产品的五大重要特质。

1. 完整

最简可行性产品在设计产品的初期阶段，就能打造出完全可用的产品。

2. 智能

最简可行性产品创造的产品特性能让用户及时发现产品有哪些问题，从而让创业者恍然大悟。

3. 优雅

最简可行性产品创造出了直观的用户界面，并且可以根据用户所理解的方式去运行。

4. 授权

最简可行性产品被创造出来后能观察用户的反应，激发用户对产品的反馈，激励用户去扩散产品以帮助更多需要帮助的用户。

5. 深度

最简可行性产品的创造能够一步一步地创造具有良好功能水准的产品，而不是一股脑儿地创造出完整性的产品，却对用户没有丝毫帮助。

Spotify 通过创造极简功能产品，帮助公司在初期就找到了正确的产品，并以最快的速度全面发展起来。虽然在测试产品每个阶段中的时间长度各不相同，但是却用最少的资源寻求到了最大的产品价值。

9.6 Kakao Talk 的 "4-2 原则"

Kakao Talk 是一款来自韩国的由中国腾讯担任第二大股东的免费聊天软件，类似于 QQ、微信的聊天软件，是可供 iPhone、Android、WP 等系统的智能手机之间通信的应用程序，可用实际电话号码管理好友，借助推送通知服务，即使好友不在线，也能接收 Kakao Talk 的消息，就像发短信一样方便。

Kakao Talk 在刚开始上线的时候，也只是一款精简的移动 IM 产品，随着之后的不断高速迭代，久而久之，积累起了庞大的用户群体。在迭代速度上，Kakao Talk 曾一年之内更新换代了 19 次。

如今异军突起的 Kakao Talk 发展规模异常庞大，仅在移动 IM 产品上的市场份额就占据韩国本土的 93%，在移动游戏分发市场方面，苹果的 App Store 和 Google Play 的渠道总和也不过只占据 Kakao Talk 渠道规模的 15%。

Kakao Talk 的强大不仅体现在其功能的即时性和多元性上，还贯彻到了公司内部体制和创新文化上，Kakao Talk 的公司文化才是真正的核心竞争力。

Kakao Talk 的创始人金范秀除了在技术上进行改造之外，还从公司的组织文化着手，对公司进行彻底的变革。Kakao Talk 公司一共拥有 50 多名员工，公司级别比较简单，分别是 CEO、部长和组员。

扁平化的组织架构在韩国传统的公司中是很难实现的。如果公司内部的一名老员工在被提拔为部长之后又被降职了，那么在人们的传统观念中，这相当于变相开除，而且在韩国传统的公司中，新员工不可能在短时间内得到提拔，而在 Kakao Talk 公司里，员工似乎已经将这种职能更换看作是一种习惯，尤其是技术和产品部门，根本就没有固定的组织结构，当一个新的项目组成立时，组长如果比较熟悉项目的相关技术，就会被降职为组员，而组长则由提出新产品概念的组员去担当。

在 Kakao Talk 公司里，员工并不会对此心怀不满。为了让公司的所有员工都能够和平共处，Kakao Talk 公司的员工几乎都用英文名称直呼对方。比如，公司的员工都会直接称呼创始人金范秀为 Brian，即使刚刚到任不久的新员工，也可以直接向社长或 CEO 表达自己的观点和建议。

Kakao Talk 公司的内部陈设也深刻地彰显了自由平等的精神。Kakao Talk 的办公区只有 6 层，其中有两层被咖啡馆占据。在办公区内，员工会围绕着一张张木桌展开激烈的讨论，完全看不出是一家高速运转的移动互联网公司。创始人金范秀仅有的一间独立办公间也被当作会议室使用，只有在开会的时候才会灯火通明。

Kakao Talk 公司的另一个成功秘诀就是速度快。在移动互联网时代，快速迭代已经成为产品成功的不二法则。公司在建立初期，就奉行"4−2 原则"，意思是：一个小组总共包含 4 个人，分别是 1 个产品经理、2 个程序员和 1 个设计师，集中精力研发项目，2 个月后如果看不到显著效果，就自动放弃，立即挑战下一个项目。

Kakao Talk 就是利用这种快速迭代的方法研发出来的，Kakao Talk 的联合创始人李帝范指出："通过迅速行动和反馈，修改战略再次挑战，这是 Kakao Talk 的经营文化。在有着多种机会和危险因素的情况下，与筹划蓝图相比，这种运行方式的成功率更高。"

Kakao Talk 奉行的另一个最高准则是"不要用主观去断定用户需求"，这是为了避免远离用户而造成闭门造车的后果。依靠"4−2 原则"和"不要用主观去断定用户需求"这两条准则，Kakao Talk 成为全球最早运用精简模式开发产品的移动 IM 公司。

9.7　Anker——一款口红大小的充电器

Anker 是欧美和日本最火爆的智能移动充电器品牌之一，业务量十分庞大，已经覆盖到全球范围内，其产品在全世界网络市场上稳居前列，每年都能保持 2～3 倍的销售业绩增速，已成为最成功的全球品牌范例。

Anker 追求硅谷精神，产品不断进行创新，展现了 Anker 工程师的偏执追求，致力于通过提供品质高、功能新颖、设计出色的简约产品，成为智能设备及其附件领域的领导品牌。产品的每一次更新迭代，都能真实地解决用户生活中的实际问题，满足用户更多的需求，让用户体验到更多的便捷和乐趣。

看似"口红"形状的移动充电器是一个典型的、依靠跨境电商迅速发展起来的全球品牌。品牌创始人阳萌，1999 年以优异的成绩考入北京大学计算机系，2003 年留学美国，2006 年进入谷歌公司，成为一名搜索引擎高级工程师，还获得过谷歌最高奖"Founder's Award"。然而，2011 年，阳萌放弃了稳定、体面的工作回国创业，一切从零开始。更让人们感到惊讶的是，阳萌把公司的发展锁定在一个经济并不是很发达的中部城市，而正是在这样一个没有电商行业的中部城市，Anker 迅速发展成这一细分市场的全球知名品牌。

Anker 的数千万用户散布在全世界，主要分布在北美、日本及欧洲。据估测，Anker 品牌平均每年的销售额达到上亿元。

Anker 是如何实现持续翻倍增长、异军突起的呢？

阳萌十分看重产品，他在设计产品前先做了一款非原装的笔记本电池。这款产品虽然在性能方面没有原装笔记本电池好，但是与原装电池相比较，价格却是非常低廉的。这个价位的产品放到亚马逊网站上销售，却收获了意外的惊喜，得到了很多用户的好评。这更加坚定了阳萌致力于打造高性价比产品的信心。

智能手机的井喷式发展，让阳萌幸运地赶上了这一大好时机，研发出了 USB 充电器和移动充电器等产品。2012 年，阳萌成立海翼科技，并打造出一支庞大的研发团队，专注于对产品的研发。自从智能移动端设备问世以来，USB 充电器和移动充电器就成了智能手机必备的配件，在世界范围内竞争十分激烈，为什么只有 Anker 可以称霸亚马逊？其实，一款产品的研发主要有三个重要因素，即产品的外观设计、产品的实用功能和产品的耐用品质。

1. 外观设计

Anker 移动充电器的最大特色就在于新颖的外观，除了"口红"形状和大小之外，还有不同种类的颜色可供用户选择。Anker 移动充电器在网上出售以来，拥有了超过 17 000 条的评论，评价星级也特别高。

2. 实用功能

Anker 的 USB 充电器拥有 5 个接口，可以满足用户对多个设备同时充电的需求。而且用户更看重的是，Anker 的 USB 充电器能自动识别设备，自动识别后，能对设备达到最快的充电速度，这是普通充电器办不到的。智能家居的总裁 Tony Fadell 在接受采访时曾提到，自己购买了两个 Anker 的 USB 充电器，在实际生活中起到了非常重要的作用。可见，Anker 的 USB 充电器是多么受欢迎。

3. 耐用品质

Anker 对产品的品质也是非常自信的，用户在购买产品后有 18 个月的保修期，而大部分行业的竞争产品最长可提供的保修期为一年。

虽然说 Anker 在产品研发方面已经做得近乎完美了，但是有两个关键点必须强调。

关键点一，从产品的外观设计、实用功能和耐用品质三个重要因素综合来看，Anker 的全部产品并不都是十分优秀的。比如，Anker 的迷你移动充电器，虽然拥有十分新颖的外观，但是容量却十分有限。另外，从用户的评论来看，发现该产品具有寿命较短、充电接口容易破损等缺点。

关键点二，Anker 的所有产品都是通过不断更新升级、高速迭代才逐渐成熟的，并不是一开始就被打造得完美无缺。比如，Anker 的第一代 PowerTQ 自动识别方案不完整，经常会造成不同品牌手机之间的不兼容；第二代 PowerIQ 经常会造成烧机现象。当然，Anker 对所有有问题的产品都进行了回收，没有对口碑造成不良影响。

所以说，要将产品做到极致，并不是要求产品在各个方面都追求完美，Anker 产品之所以会如此优秀，重要的是 Anker 将产品的某一点发挥到了极致，其他方面只要不构成短板就可以了。在这种情况下，Anker 再对产品进行合理定价，进一步凸显了产品的高性价比，从而在便宜货和高端货中间寻找到了市场。

第 10 章
用户反馈：在不断试错中找痛点

从前面单节的叙述可以看出，用户的反馈对产品的生产很重要。那么，创业者应该如何利用好用户反馈，在不断试错中研发出完美的产品呢？本章主要讲述在产品设计的过程中用户反馈的作用。

10.1 获得用户反馈的 4 种方式

当今时代是用户的时代，产品在研发过程中如果不与用户进行亲密接触，就不能解决用户在实际生活中遇到的问题。不能满足用户实际的生活需求，再完美的产品在用户眼中也终将毫无价值。所以，创业者在研发产品的整个过程中都不能离开用户，要将每一个阶段研发出来的产品都投放到市场上，经过用户测试，获取用户的反馈信息，并不断调整、修改产品，才能进行下一个阶段的开发。

由此看来，用户反馈贯穿于产品的整个使用生命周期，对产品的发展方向起着决定性的作用。下面给创业者讲述获取用户反馈的 4 种方式：现场使用、实地观察、定性检验及定量验证。

1. 现场使用

从"微信内容"搜索一下到两者聚合首页，从微信公众号和文章的独家珍藏到与腾讯的深度合作，搜狗搜索向其他企业验证了强强联合的重要性。搜狗搜索的微信搜索和微信头条曾在四川成都举办活动，打响产品系列线下沙龙活动的首次战斗。活动当天，数百位新闻媒体人、合作者和网友，与产品负责人面对面地交流深谈，让广大用户更加深入地了解产品的独特之处和功能，从而实现搜狗搜索产品的深度推广。

活动中，产品的两位负责人向用户详细介绍了微信搜索和微信头条的功能和特点，把微信公众号和文章结合起来呈现在搜索平台上，通过微信搜索能阅读到众多微信公众号中的文章内容，可让用户在短时间内获得更全面、更深度的文章内容。搜狗搜索在线下产品活动获取反馈信息的方式，与搜索引擎"搜索—反馈"的方式不同，这种获取方式能给用户展现出主动的推荐结果，用户不需要进行搜索，就能看到想要看到的文章内容。

另外，微信搜索还允许用户在使用电脑端观看文章的同时，还可以使用手机通过扫描公众号的二维码进行观看，不仅让用户感受到互联网时代资讯的精准性，还让用户通过把文章上传到朋友圈感受到资讯的时效性。不仅如此，电脑端还能帮助自媒体提升高质量文章内容的曝光度，提高用户的黏性。最关键的是，微信搜索产品能更快、更便捷地发现抄袭文章，为原创内容保驾护航。

搜狗搜索的另一款产品"微信头条"则为用户打造了个性化的阅读体验，不但能提高文章在朋友圈中的传播效率，还能帮助用户快速得到感兴趣的文章内容。"微信头条"的亮点是个性化，让热点投其所好，打造用户浏览高质量文章内容、热点内容的极致阅读体验。另外，"微信头条"给用户推送的文章内容都遵循了原创、热点、深度三大原则，更加精准地把用户和文章内容连接到一起。

两位负责人在详细地介绍完产品之后，活动现场被邀请来的新闻媒体和网友都提出了非常有价值的问题。这些问题也正是搜狗搜索进行更新迭代和需要改进的地方。对于文章推荐的排序问题，产品负责人也进行了深度讲解。通过活动中的互动，产品负责人更加了解了用户在实际生活中的真实需求，从而可对搜狗搜索进行进一步的改进，打造出更加极致的产品。

2. 实地观察

实地观察是获得用户反馈的重要方式之一。通过实地观察能更好、更准确地了解用户是谁、用户有什么爱好和需要、对产品具备什么样的认知。商业圈十分流行的一句话是"走出办公室"。在这句话的驱动下，创业者开始进行实地访谈，走访潜在用户，通过观察用户在实际生活环境中遇到的问题，为产品设计解决这些问题的方案，并根据用户的反馈信息来思考产品的设计方法。

实地观察之所以能成为获得用户反馈信息的重要方式之一，是因为它有很多优势。其最大优势在于直观性，与直观性相辅相成的另一个重要优势是可靠性。下面具体阐释和说明这两种优势。

实地观察主要是观察者进行的单方面观察探访。在观察过程中，观察者一方面可以不与用户进行语言交流，这种方法对一些不需要用语言解决的社会现象有很大的直观性，能排除因为语言沟通带来的误会和干扰。另一方面可以驱使观察者直接与用户进行接触，有利于观察者与被观察的用户群体建立感情，从而增加用户的信任，并在这个基础上深入细致地了解用户在实际生活中的状况，充分体现实地观察的可靠性。

另外，实地观察还具备简单便捷、适应性强、运用灵活等一些优势，因此，成为创业者经常使用的广泛调查方式之一。

3. 定性检验

产品品质是公司的一条生命线，可体现公司的综合素质，并体现公司的整体实力。在如今的市场环境中，用户对产品品质提出了越来越高的要求。产品品质的优劣是公司在市场中站稳脚跟的重要步骤，直接决定公司的效益。因此，公司必须意识到产品品质对公司的重要性，对产品进行定性检测，保证品质的优质度，提高公司的竞争力。

提高产品品质的重要性具体表现如下。

其一，产品品质不仅可以体现公司的信誉，还会影响产品的品牌度和公司的社会地位。信誉度对公司是非常重要的，它不是公司在口头上极力保证就能实现的，而是要通过为用户提供优质的产品服务、为用户兑现承诺赢得。

其二，提高产品品质能增加产品的经济性。不断优化产品品质有利于为公司节省资金，从而增加公司的利润，加大对产品品质的管理就是为公司增加利润。这是因为有效的质量管理能降低公司生产产品的成本，提高公司生产产品的能力，为公司创造更大的利润。

产品品质的优质是赢取用户信任的第一要诀。用户一旦信任了产品的品质，就会认定产品的价值。很多用户在购买产品时，考虑的第一要素就是产品的品质。比如，苹果手机刚问世的时候，在很多方面其实都不如其他手机性能好，但是使用苹果手机的用户却越来越多。究其原因，很多用户的一致回答就是苹果手机"耐摔"。人人都想要一部能长期使用、性价比高的手机，但是很多厂家制造的手机，使用不到半年，甚至几个月就报废了。可见苹果手机的质量大幅度增加了公司的信誉度。

在 iPhone 6 上市不久后，就传出了 iPhone 6 容易变弯的消息，为了证明产品品质的优质度，打破不实的传言，苹果方面罕见地向媒体曝光了测试手机的整个过程。从发布声明苹果手机从没有在质量上出现过任何问题，再到向媒体曝光测试手机过程，苹果公司再一次向全世界强调了 iPhone 6 的品质。

苹果总部位于热闹繁华的库比蒂诺。苹果公司的测试工厂仅与总部相隔几条街区，是一座没有标志性、没有特色的普通建筑物。就是在这座毫不起眼的建筑物里，苹果公司会对自己生产的每一系列产品、每一款 iPhone 进行不同方式的严苛测试。其中包括高空坠落、强力物碾压、扭转等，基本上用户在生活中遇见的各种可能性都会在此处得到反复放大测试。

苹果 Phil Schiller 表示："我们所设计的产品超乎想象地可靠，所测试的项目完全超越现实生活中的极限。在设计完成之后，我们花费巨额投入用于检测，将现实生活中可能遇到的情况进行放大，通过数据化的方式来考验 iPhone 的各种耐用性。"

苹果公司证实产品品质的案例充分验证了产品品质对一个公司的巨大影响力。一家公司无论将自己的产品营销广告做得多么漂亮，产品包装做得多么高大上，如果质量出现问题，那么这个公司就没有长期生存下去的可能，不但会损害用户的利益，还会在自己的前进道路上埋下炸弹，随时都有可能会引爆，到时候公司想要挽回用户就难如登天了。

4. 定量验证

可口可乐公司在百年庆典大会上推出新可乐，同时停止生产一切传统的可乐。此消息曝出后，就激起了全美用户的强烈不满。可口可乐的这一重大决策被各大报纸批评为美国商业界中有史以来最错误的营销策略。

从表面上看来，可口可乐公司停止生产传统的可乐并没有什么不妥之处，毕竟如果可口可乐公司传统的可口可乐依然占据市场，就会出现新产品与老产品竞争的局面，而且新可乐可能会遭到用户的严重抵制，这将导致公司难以在短时间内推出新产品。

为什么可口可乐公司要推出新可乐？这件事情起源于百事可乐推出的匿名测试。此匿名测试发布几个月后，百事可乐就吸引了很多用户，这让可口可乐公司深深感受到了危机的存在。可口可乐公司的 CEO 重新配置了产品的配方，经请示并得到上级的批准后，开始修改产品配方，同时还进行了很多次的口味测试，在最后的一次测试中，认为新可乐好喝的人数终于超过了认为百事可乐好喝的人数。因此，在百年庆典的时候，可口可乐公司才会宣布推出新可乐，并伴随着庞大的营销活动。然而，最后的结果却不理想。

可口可乐公司的这一做法反而进一步加大了公司的危机，正好让百事可乐有机可乘。百事可乐的成功很大程度上是因为模仿了可口可乐公司的经营方式。百事可乐作为跟进者，一直模仿比自己优秀的大公司是顺其自然的事情。但是可口可乐却回头去模仿百事可乐，这在潜意识里意味着可口可乐默认了自己比不上百事可乐。由此看来，可口可乐的这种做法是一种非常不理智的选择。

新可乐上市，同时停止一切老配方的研发，这一举动遭到广大用户的强烈不满。之后，可口可乐公司又改回了原来的配方。先不说这是不是可口可乐的无奈之举，但是改为原来配方的消息传出去之后，可口可乐公司的销售业绩得到了迅猛增长，远远地把百事可乐甩在了后面，在股市中也重创了百事可乐。

为什么在可口可乐公司改为原来的配方之后会出现如此情景呢？对此，必须从可口可乐公司当年面临的危机来进行分析。

众所周知，可口可乐的品牌之所以屹立不倒，是因为它成立于第二次世界大战期间。在第二次世界大战中，可口可乐在所有美国用户的心中建立起了一种崇高的品牌形象。可以这样说，可口可乐是美国用户的精神食粮。也就是说，可口可乐不仅是一种日常消遣的饮料，还是一种精神。

随着时间的推移，可口可乐的精神渐渐地被遗忘。利用这种先天优势，百事可乐推出了匿名测试，试图从口味上超越可口可乐。可口可乐的新可乐测试恰恰利用了这次危机，唤起了美国用户内心的觉醒，回想起自己心中的可口可乐精神，从而化解了这次危机，为公司重新挽回了大量的用户。

10.2　以用户为中心，收集反馈信息

Dropbox 的创始人德鲁·休斯敦通过在 YouTube 上发布视频来获取早期用户，意思就是将产品研制出来的成果拿到投资者面前，说服投资者投资，但是大部分的投资者都是不会轻易投资产品的。Dropbox 在早期寻找用户时没有关注到用户痛点，而是将过多的精力都投入产品的研发当中，这是本末倒置的做法。

Instagram 的联合创始人 Kevin Systrom 在自己使用产品的时候发现了产品的一些问题，如在移动设备上图片质量不够清晰，图片上传速度比较慢，图片在同一时间内不能快速分享到多个平台上。发现这些问题后，Kevin Systrom 在寻找潜在早期用户之前就拟订了一份简单的解决方案，然后将产品投放到市场上去寻找潜在的早期用户，并积极获得用户反馈的信息。毫无疑问，这大大提高了产品研制的速度，提高了产品成功的概率。

用户反馈对于创业者研制产品十分重要。用户的及时反馈除了能让产品更加精益求精之外，还能使创业者及时获得未来用户的需求，为产品的研发做好准备。

许多创业刚刚开始的时候，他先将自己的想法告诉身边熟悉的人，从而寻求到一些反馈信息，但是这些数据是比较局限、狭窄的，需要从各个方面去搜集更多用户的意见和建议。在研制出最小可行性产品之后，要先将产品进行小范围的试错，然后投放到市场中去寻找潜在的用户，询问用户的意见，这种做法可以在很大程度上节省资源。

用户反馈这一环节对创业者来说是非常重要的，很多创业者之所以会失败，就是因为没有把产品展现在用户面前，不去在试错中寻找用户痛点，而是一心一意地扑在产品研发上。

一般的智能手机都注重产品外观设计唯美、功能至上，小米公司却始终强调"让用户参与、让用户爽"，这是小米以用户为中心，为产品收集反馈信息的一个重要体现。

以用户为中心来获取反馈意见，就要先解决如何获取用户反馈信息的问题。以下几个方法可以帮助创业者快速有效地获取用户反馈信息。

1. 注重数据运营

用户反馈的意见和建议就像一座埋藏在地底下的宝藏。创业者得到用户的反馈信息就如同为产品的发展挖掘到了宝藏。创业者能否真正意识到用户反馈信息的价值，能否快速挖掘到这些宝藏是一件十分困难的事情。

在推出新产品之前，创业者无论经过多么详细的调研、进行多么周密的规划，新产品的特性如何被用户接受、用户如何使用新特性、新特性给产品带来了哪些拉动和抑制等都是不确定的。所以，创业者需要注重数据运营，有了真实的数据才能很好地进行分析哪些反馈信息是有价值的。

2. 产品创新与市场营销紧密融合

将最简可行性产品快速投放到市场上，是为了让用户尽快使用到产品，尽快获取用户的反馈信息，从而对产品做出调整和改变。因此，创业者能否快速获取用户的反馈、能否真正注重用户的反馈并及时做出相应的对策十分重要。

在高速迭代的模式下，创业者一方面必须十分注重用户的反馈信息，以此对产品进行不断的迭代；另一方面必须与用户进行及时互动。所谓的互动就是市场营销，通过市场营销可以促使创业者积累获取用户反馈的经验，同时也能提高用户黏性。

3. 开放协同，多元融合

全民客服体系原则已经成为小米公司与用户进行及时互动的重要沟通机制。这个机制甚至关系到了产品的发展。小米公司将多种平台开放协同，如通过论坛、微博等多种社交工具与用户进行直接沟通。为了获取更详细的用户反馈信息，小米公司推出了"全民客服计划"。

全民客服就是指小米公司的所有成员，包括公司最高领导和公司的最底层下属，都会通过米聊、微博、论坛及其他各种平台与粉丝进行直接互动，获取粉丝的需求和意见。小米方面曾指出："我们不做呆板的数据抓取和整理，每个员工都可以在微博和论坛上一线接触用户，第一时间拿到用户的反馈。"泡论坛、泡微博是包括雷军在内的所有上层管理人士每天必须做的事情，不仅用户成了小米产品更新换代的重要信息来源，稳定的用户信息流动也使小米能准确把握产品迭代方向。

4. 快速迭代，随做随发

小米公司研发产品的口号是"快速迭代，随做随发"，敏捷开发思维是小米公司的理念。任何一款新产品在发布时都不是尽善尽美的，打造一款完美的产品需要一个过程。所以，创业者要迅速让产品与用户进行真实的接触，及时感应用户的需求变化，从而对产品进行不断地升级优化，推陈出新，只有保持这种方式才能成为业内的领袖。

在互联网领域，产品永远是 Beta 版，几乎几天就有可能推出一款新产品，创业者只有不断地倾听用户的反馈意见，对产品不断地调整和改变，快速地升级产品，才能决定产品未来的发展方向。所以，"快速迭代"成为小米公司研发新产品的基本要求。"快速"一词已经成为互联网时代衡量产品研发是否成熟的标准之一。

5. 灰度发布

在互联网行业，创业者已经将灰度发布看成最重要的发布控制手段。公司希望先把产品的新功能展现在一部分用户面前，让用户及时体验到产品的新功能。询问用户对产品新功能的意见和建议，然后通过用户反馈信息和数据运营对产品进行及时的调整和改进。这种方式能在一定程度上降低发布风险，同时也能提高产品的发布频率，加快发布节奏，更好地展现产品生命周期短、高速迭代的特点。

10.3　快，用有限时间把创意和产品投放到市场

在移动互联网领域，产品迭代思维是一个非常重要的思维。所谓迭代

思维，是指产品在市场中循环执行逐渐完善自己，这与传统的产品投放顺序正好相反。互联网思维讲究更快地将产品投入市场，然后通过用户的参与和反馈，不断优化产品，快速迭代，让产品日渐贴合消费者的想象，如图 10-1 所示。

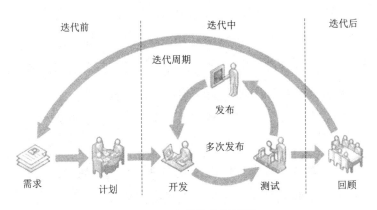

图10-1　产品迭代的过程

迭代思维的核心是快速将产品推出，用有限的时间把创意和产品投放到市场，抢占市场。这样可以快速解决问题、快速发布新产品，始终使公司的产品走在其他竞争产品的前面。

迭代思维的另一个目的是降低开发新产品的成本。如果创业者在产品完善后才投入市场，那么其试错成本就会变得很高。如果只打造产品的核心功能就将其投入市场，可以极大地降低资金、人力和技术的投入。所以，一般互联网时代的产品，其第一代都是非常粗糙的，经常会存在重大缺陷，但是会很快更新换代。

以腾讯公司的微信为例，微信的第一个版本只有即时通信和更换头像的功能，与其旗下明星产品 QQ 并没有太大区别，但微信发展到如今，却成为同类软件中的"领头羊"。

首先，微信的动作很快。市场中的同类软件刚起步时，腾讯公司就发现了商机。当时市面上类似的软件只有 kik，市场潜力非常巨大。腾讯公司立即着手微信的研发，仅用了 3 个月就推出了第一版，四个月之后又迅速推出了 2.0 版本。

其次，微信的产品迭代速度很快，根据对第一版产品用户反馈的研究，腾讯公司开始对微信进行升级，迅速推出了 1.1 版、1.2 版、1.3 版，反复在市场中试验，不断增加新功能满足用户的需求。一般团队会在一个版本推出之后就着手下一个版本的研发，有些功能甚至在之前就已经构想好了。这就保证了微信始终走在同类产品的前面。

迭代思维简单来说，就是快和重复。但真正的迭代思维并不只是做到这两点就可以了。

快是迭代最基本的要求，但重复并不只是表面上的重复更新，其真正内涵是升华、积累和总结，促使产品从量变到质变，这要求产品的每一次迭代都要站在更新、更高的起点上。因此，在迭代过程中，对用户反馈信息的总结很重要，没有反馈，没有总结，迭代的新产品很难有质的突破。

另外，迭代时要始终保证产品在一个确定的方向上不断升级，如果中途出现了偏差，那么后续迭代的产品很可能都是无效的。例如，开发一个 App，要先确定 App 的开发是否具有价值性和可行性，在确定了这些问题之后，才能进入下一步的开发。接着是收集和处理用户的反馈，通过评估这些信息，对 App 进行优化，然后迅速上线更新版。最后按照之前确定的开发方向，不断重复这一过程，直至产品臻于完美。

迭代思维也可以说是产品的“微创新”，即每一次都比竞争对手的产品“多一点”“快一点”。现今市场产品的同质化严重，创业者想让自己的产品在一片“雷同”的商海中脱颖而出，就要始终让产品保持差异化。

每个产品都有自己的生命周期，不管是几年、十几年甚至几十年，终究会有被市场淘汰的一天。特别是如今的技术飞速发展，使产品的生命周期再次被缩短。产品迭代则能让产品持续保持活力，适应市场不断提出的新要求，使产品的生命周期得以延长。

差异化不仅是一个产品更是一个品牌存续的基础，不论创业者的公司经营何种产品，都需要销量，没有销量就没有利润。如果产品一成不变，销量就会逐渐减少直至被市场淘汰。即使像娃哈哈这样的快消品巨头，想每年保持销量持续增长，也要不断地对产品进行迭代升级，保持其生命力。

在公司发展的过程中产品的新陈代谢是不可逆的。例如，以前全球知名的数码企业柯达，在数码时代来临时，也只能无奈地申请破产保护。这就是市场规律，创新、迭代、升级是一种必然趋势。

十多年前，录像机成为中国家庭的新宠，让人们除了收看电视机上固定的节目外拥有了新的选择。短短几年，录像机变成了 VCD，VCD 变成了 DVD，DVD 变成了 3D。但随着数字电视的普及，这些设备依然面临着"消亡"的威胁。

消费者的需求不会倒退，就像发明了纸之后，很少有人再用竹简写字。更方便、更新颖的产品才会更有销量，这是亘古不变的道理。

1997 年，乔布斯回归苹果做的第一件事就是取消 Newton 项目。然后他设想了一种能够随时携带并且能上网发邮件的产品，13 年后，iPad 横空出世。

然而，iPad 并不是从 0 设计出来的，它是苹果原有产品的新版本。首先做一个大容量的随身听 iPod，然后加上了多点触控技术的 iPod，就变成了 iPod touch，给 iPod touch 加入通信功能，就是 iPhone，将 iPod touch 的屏幕变大，就是 iPad。

这就是苹果产品的迭代升级，在现有产品的基础上不断创造新版本，使产品拥有持续的生命力，进而保证品牌的市场竞争力。产品的生命力使苹果公司成为世界最伟大的公司之一，其系列产品受到了很多人的追捧。

综上所述，创业者在做产品时，一定要把迭代思维融入其中，做好在短时间内多做几版产品的准备。这样不仅可以节省前期的研发成本，还可以让产品的设计更贴近用户。

10.4　想法—开发—测量—认知—新想法

创业者先把自己的想法变成可触摸的现实，通过把脑海中的产品设计研发出来，制造成最简可行性产品，同时凸显出产品的核心功能，然后将这种最简模型投入市场上进行测试，获取用户的反馈信息，继而对获取的数据进行分析，提炼出新的认知，最后将这种新的认知与原来的想法融合，对原来的想法做出调整和改良，变成一种新的想法。这种产品开发的思路是一个循环的过程。这个循环的过程简单来说就是"想法—开发—测量—认知—新想法"的过程。

思路 1：想法

任何一个创业者要想自己的想法获得成功，就需要满足两个假设。

（1）这个想法能给用户带来价值。

（2）这个想法变成实际产品后，能不断地带来用户。

思路 2：开发

创业者将自己脑海中的想法运用到实践开发当中变成真正的产品，这个产品就是最原始的产品简陋模型（最简可行性产品）。至于最简可行性产品能够简单到什么程度，这里给创业者举一个例子作为参考。

一家为家庭用户提供蔬菜预定配送服务的互联网公司，不借助一切互联网手段，由公司的上层管理人员，甚至产品副总裁亲自动手，把每个星期收集来的用户订单整理妥当，并按时为用户配送蔬菜。这种方式效率极其低下，但就是这种方式让该公司逐渐累积了对市场需求的认识，从而不断地扩大了用户群体。

后来，该公司的用户越来越多，于是公司领导决定使用互联网工具，如使用邮件下单、网上支付等各种功能。这一过程中的每一步改变都不是公司领导主观决定的，而是采取了许多用户的建议，以此来解决用户的迫切需求。目前，该公司的发展业务已经覆盖了美国的许多城市。从最原始的人工服务用户到后来的大规模扩张。该公司的案例充分证明了一个优秀的产品，不在乎它拥有众多的功能，而是每项功能是否对用户有价值，是否能够满足用户的需求。创业者在开始研发产品时，要将自己认为的产品最具特色的核心功能研发出来，再根据用户的需求，一步一步地增添功能，这样从 0 到 1 的做法不仅能实现产品的价值，还能让初创公司避免遭受巨大的损失。

思路 3：测量

测量的目的是验证产品的价值，产品通过与用户的真实接触，获取到用户的真实反馈信息，对真实数据的分析能发现产品的问题出现在哪里，从而及时对产品做出调整，进一步实现产品的价值提升。

思路 4：认知

认知过程是精益创业整个运作思路的调节和稳定器。创业者通过获取用户的反馈，不断提升认知，从而对产品的现有问题做出改良并改进产品。认知能帮助创业者排除创业过程中的危险因素，并且控制产品在循环过程中的合适速度，既可避免盲目的快速发展，又可避免带着问题发展。

思路 5：新想法

一款产品第一次循环的最后阶段都会让创业者获取对产品的新想法。新想法让创业者对产品的保持方向或是转型做出决策。如果创业者对所搜集的用户信息进行了分析，而且数据结果证明产品的假设基本正确，在产品循环过程中对产品做出的调整修改也让产品逐渐靠近产品假设的理想状态，并且越来越被用户接受和认可，那么产品方向就应该保持。如果创业者在努力调整产品的过程中，离当初的产品假设状态越来越远，对产品假设状态做出了实质性的改变，甚至可能达到了需要通过转型的地步，那么创业者就应该放弃产品，重新规划研发一种新产品。

10.5　不断开发新想法，剔除不佳部分

硅谷创业家埃里克提出了一个反馈循环的商业模式。根据这种模式，创业者首先要做的就是把想法变成实实在在的产品，并且打造产品的精简原型，通过少量的资金和精力去研发体现核心功能的产品。产品的最简原型能节省很多在细枝末节上耗费的精力，在最简原型产品适用于市场需求后，创业者需要从整体上控制局势，在把控中不断验证产品，根据用户的反馈反复调整改善产品，在产品发布后，就要不断地迭代优化产品，挖掘用户痛点，促使产品快速进入爆发期。

在每次循环结束后，创业者可以根据新想法来判断自己是维持产品，还是做出转型。至于哪种选择能带来最佳的效果，创业者可以通过一系列的循环进行验证。不断的循环会带来不断的新想法出现，为了解决太多新想法都需要一一验证的状况，创业者可以用以前比较稳定的一个产品模型作为基本产品，然后在此基础上去打造升级多个平行版本，开展多个循环去一一验证新想法的合理性，剔除不佳部分，把较好的新想法合并在一起，运用到下一个基线当中。这种处理方式既能保证业务彼此间互不干扰，又能并行处理多项业务，可谓是两全其美。

不断开发新想法、剔除不佳部分对于创业公司来说的确是一件好事，

是促使公司快速成长的过程。出现新想法就必须经过验证，只有验证过后才知道这个新想法到底合不合理。那么，创业者如何验证新想法呢？

1. 不要与用户聊新想法

很多创业者在创业工作准备做得充足扎实的前提下，就会去询问目标用户，与目标用户谈自己的新想法，了解用户还有哪些需求未能得到满足。新想法得到一系列的求证之后就会开发产品，就会出现这样一个问题，信心满满地认为用户会期许自己研发的产品，投入市场后却事与愿违。

之所以会出现这种糟糕的情况，是因为创业者没有精准地抓住用户需求，根源在于挖掘用户需求的路径出现了问题。创业者不要与自己的目标用户聊新想法，而是要努力去帮助产品的潜在用户还原真实的生活和工作场景。

2. 在产业链上检验新想法

一个有创意的新想法，不仅要得到用户的认可，还要在产业链中找到生存的地方。小米的颠覆是因为其利用了互联网工具对传统产业实行了改造升级。创业者需要牢记的是，互联网只是一种资源整合工具，为了公司的发展，创业者应该努力寻求各种工具去整合资源。

创业者必须把新想法告诉与产品相关的上下游供应商，观察供应商对自己的新想法是否有兴趣，是否愿意与自己合作，或者创业者要想办法去争取到资源。

电商公司都遵循一个法则，只要产品增大了对 A 端商户的覆盖，就会增大 B 端的用户数量，在其他行业也有同样的规律。创业者会发现上下游供应商比自己更熟悉市场，更熟悉用户，从而在寻求供应商认同的过程中得到更好的启发。

如果一家初创公司能寻找到更好的市场切入点，为用户寻求到更好的解决方案，那么极有可能会成为下一个独角兽。前提是，这样的新想法一定要通过产业链条的验证。由此可见，创业者在研发产品之前，要将产品置于产业链上来检验。

3. 快速发布产品，检验新想法

毫不客气地说，在想法没有变成真实的产品之前，一切都是幻想，创业者只有快速打造出产品原型，才能更好地检验这些新想法，检验产品是否抓住了用户的真正痛点，以及产品是否真的满足了这些需求。创业者要清楚地知道，一个想法和一款成型的产品到底有多大的区别。

互联网在带来众多危机感的同时，也给创业者提供了很多优势。创业者有了更多的平台和工具，为产品的快速推出创造了条件，如现在已经有了更多的创业者通过微信平台发布精简产品，进行创业初期的产品测试。

总体来说，创业公司在精益循环的过程中不但要不断地开发更多的新想法，还要学会如何去检验每一种新想法。区分哪些想法不合理，哪些想法更符合未来市场的发展，剔除掉不好的想法，保留较好的想法，将好想法合并在一起再进行下一个循环的测试，从而创造出符合大众需求、符合市场需求的产品。

第 11 章
融资规划：顺利拿到钱才是关键

公司要发展，融资是必不可少的一项工作。作为一个创业新手，要如何做才能找到合适的投资人呢？本章就融资规划问题，为创业者筛选出较合适的融资方案。

11.1 不要等到缺钱时再融资

一位成功的企业家曾向创业者分享自己的融资心得："对那些今天盈利情况很好的企业，你们要记住，你一定要在你很赚钱的时候去融资，在你不需要钱的时候去融资，要在阳光灿烂的日子修理屋顶，而不是等到需要钱的时候再去融资，那你就麻烦了。"对于创业者来说，融资的最佳时机就是公司不缺钱的时候。

"礼物说"是"90后"创业者温城辉创立的移动电商平台，以"礼物攻略"为核心，收罗时下潮流的礼物和送礼物的方法，为用户推荐热门礼物，用户可以在平台上自主下单。

温城辉的"礼物说"A轮获得红杉资本300万美元的投资；B轮获得顶级知名投资机构3 000万美元的投资，估值超过2亿美元。在2017年、2018年又获得C轮、C+轮融资。

温城辉一直坚守一条定律：永远不要等到缺钱时再融资，当资金只够用6个月的时候就应当准备下一轮融资了。其实在B轮融资时，温城辉公司的银行账户内还储备了大量的资金，因为温城辉认为这样做可以保证公司短时间内无生存压力，可以集中精力研发产品，还能够在接下来一轮的融资中保持较高的估值。

再来看一个案例。

2019年4月，上海一家儿童早教公司倒闭，创始人因拖欠供应商货款，成为全国失信被执行人。

该公司于2017年6月成立，当时在线教育领域是许多投资机构关注的热点，黄有胜凭借项目、团队的优势获得A轮2 500万元的融资。创始人在6个月内拿出1 500万元进行课程升级和线上推广。

2018 年 7 月，该公司用户量超过 400 万人，成为在线教育领域的黑马。这时公司账户有 800 万元可使用资金，根据推算，这些资金可以维持公司 7 个月。公司创始人认为目前用户量增长迅速，过早启动 B 轮融资不会获得较高的估值。而且 A 轮投资机构也提出反对意见。

当时，创始人拥有 82% 的股权，拥有决策权。创始人计划于 2019 年 1 月份启动融资。2018 年 11 月，在线教育项目融资形势发生了变化，许多投资机构对在线教育项目避而远之，仅有一家投资机构，初步给出了 2 亿元估值，创始人只能接受，并签署了投资意向书。

然而，在等待了 1 个月后，投资机构仍未签署正式投资协议。原来，投资机构认为目前在线教育形势不好，希望按 8 000 万元重新估值。创始人对此拒绝接受，在与其他投资方多次洽谈无果的情况下，公司只能以倒闭而结束。

在初创阶段，融资过程时长时短，融资结果时好时坏，创业者要留足融资时间，避免因过晚融资影响估值。

11.2　对公司进行估值的 4 种方法

正所谓"知己知彼，百战不殆"。创业者只有了解投资人对公司估值的方法，才能在融资过程中提高自己公司的估值。常见的估值方法有以下 4 种。

1. 贴现现金流法

（1）现金流估算

现金流估算法是估算公司未来 5 年或者 10 年的自由现金流，要做好这项工作，必须对目标公司的业务和竞争优势有充分的了解，同时还要有一定的专业基础。

创业者与投资人达成的一致看法可以反映在对未来现金流的估算中。例如，目标公司的利润率未来会提高，或者它的销售增长速度会降低，又或者需要增加投入来保养现有的设备厂房等。

假设 A 公司 2019 年的自由现金流是 1 000 万元，销售前景不错，通过一番研究，投资人认为它的自由现金流在未来 5 年会以 10% 的速度增长。然后由于竞争加剧，5 年后它的自由现金流增长速度将降为 5%，这里计算的未来 10 年的现金流，从第 11 年开始算为永久价值。那么根据以上信息，该公司从第 1 年到第 10 年的估计现金流，如表 11-1 所示。

表11-1　从第1年到第10年的估计现金流

时　　间	现　金　流
第 1 年	1 100 万元
第 2 年	1 210 万元
第 3 年	1 331 万元
第 4 年	1 464.10 万元
第 5 年	1 610.51 万元
第 6 年	1 691.04 万元
第 7 年	1 775.59 万元
第 8 年	1 864.28 万元
第 9 年	1 957.49 万元
第 10 年	2 055.36 万元

在估算创业公司的现金流时，投资人通常会特别小心，因为创业公司的历史财务状况不像上市公司那样透明、清晰。创业公司通常历史较短，且没有披露财务和重要信息的监管要求，甚至没有规范的成本核算，创始人以远低于市场价的工资为公司工作。尤其是一家创立时间不长的公

司，创业者可能不得不为估值模型所依赖的假设做出会计准则上的调整。

（2）贴现率估算

贴现率是指投资人需要从此次投资里得到的回报率，如果投资人认为项目风险高，他会要求更高的贴现率。

基于创业公司预期寿命的不同，投资人要求的贴现率通常要比上市公司的高，因为投资人一般会假定上市公司可以永续经营，而创业公司因为很多不确定因素导致其预期寿命会短一点儿。

怎样估算贴现率呢？美国晨星公司把美国股市的股票贴现率的平均值定为 10.5%。其中，5% 是短期国债的收益率，也就是无风险收益率，剩下的 5.5% 表示投资人为了承担超过无风险投资的那部分风险，所要求的对该部分风险的回报。

当然，市场上的公司不能全用一个固定值。晨星公司曾经根据经验确定了一个区间，即贴现率范围为 8%~14%。风险越高波动越大的行业取值越高，越接近 14%；风险越低波动越小的行业取值越低，越接近 8%。一般认为稳定的工业制造项目估取 9% 的贴现率，而风险较高的互联网项目估取 13% 的贴现率。

2. 可比公司法

（1）同行业可参照的上市公司

可比公司法可以提供一个市场基准，然后依照这个基准来分析目标公司当前的价值。这里的市场基准应当是目标公司同行业可参照的上市公司，这个上市公司能为目标公司提供一个相关性很强的参考。

可比公司法最困难也是最核心的部分，就是挑选与目标公司具有相同核心业务和财务特征或风险的上市公司。与上面讲到的贴现现金流法不同，可比公司法是要根据市场形势及投资人的心态来反映当前估值的。所以，在大多数情况下，可比公司法比贴现现金流法计算出的估值更接近于市场价值，也就是和市场的相关性更强。

（2）计算同类公司的主要财务比率

为了与同类公司进行比较，投资人必须找出所需的财务信息以便计算出同类公司的主要财务比率。

同类公司上一年的年度财务报表及当年的季度财务报表可以作为历史财务信息的主要来源。这些报表为投资人提供了计算 LTM（最后 12 个月的财务业绩）数据所需要的所有财务数据。

有了这些数据，我们就可以用来计算同类公司的主要财务比率和倍数了。

同类公司的盈利能力可以通过毛利率、EBITDA（税息折旧及摊销前利润）率、EBIT（息税前利润）率及净利润率 4 个指标分析。这 4 个指标对盈利能力的衡量都不相同。其中，EBITDA 率和 EBIT 率是公司经营盈利能力的主要指标，比较适用于同行之间的比较；而净利润率则是衡量公司总体盈利能力，而不是其经营能力。

因为净利润是息后利润，会受到资本结构的影响，所以，毛利率相似的公司可能由于杠杆率的不同，其净利率可能会差之千里；净利润也是税后利润，可以比较的公司可能享受不同的地方税率，就算毛利率相同，净利率可能也会截然不同。

然后是投资收益。一般用三个指标来分析投资收益，包括已投资本回报率（ROIC）、股东权益回报率（ROE）及资产回报率（ROA）。

已投资本回报率（ROIC）衡量的是提供给一家公司所有资本所产生的收益。一般情况下，用息前收益数据作为分子，如 EBIT，而用净债务与股东权益之和作为分母，即 ROIC=EBIT/（平均净债务 + 股东权益）

股东权益回报率（ROE）衡量的是股东给一家公司提供的资本所产生的收益。所以，要用息后利润做分子，即净利润，而分母则是股东权益，即 ROE= 净利润 / 平均股东权益。

资产回报率（ROA）是一家公司总资产所产生的收益，资产收益率一般用净利润做分子，而分母则是平均总资产，即 ROA= 净利润 / 平均总资产。

杠杆率指的是一家公司的负债水平，它的衡量指标一般是债务对 EBITDA 的比率，债务对资本总额的比率及覆盖比率（EBITDA 对利息支出的比率）。一般来说，杠杆率越高，公司陷入财务困境的风险就越大。所以投资人都会十分关心公司的杠杆率。

最后是交易倍数。在所需财务数据收集好，制成表格之后，就可以计算同类公司的相关倍数了。投资者一般倾向于采用公司价值的倍数，如公司价值 /EBITDA 或者公司价值 /EBIT 进行计算。

（3）用这些比率作为市场价格乘数做出估值

挑选出同行业可参照的上市公司并计算出主要财务比率后，接下来需要将目标公司与同类公司进行分析和比较。

比较的目的就是要确定目标公司在同行业内的相对排名，这样，投资人就可以框定相对的估值范围。投资人一般会选择和目标公司最为接近的同类公司，作为目标公司估值范围的基础。

第一步，投资人需要在同类公司里进一步筛选出与目标公司的业务和财务特征最为接近的公司，然后排除离群值。第二步，投资人分析和比较交易倍数，然后找到最佳可比较的公司。

基于以上比较分析及关键性业务特征，财务绩效指标对比和交易倍数的比较，投资人就可以识别出和目标公司最接近的公司了。这些最接近的公司可以帮助投资人框定最终估值的范围。

3. 可比交易法

一般分为两步。

（1）挑选同行业被投资的相似公司

可比交易法并不针对目标公司的市场价值进行分析，而是在市场上寻找类似融资交易。一般情况下，同行业的同类公司被并购的案例具有参考价值。计算出类似融资交易中估值的平均溢价水平后，就可以用这个溢价水平计算出目标公司的价值。

任何一次融资交易，估值过程中都会参考过往相关融资交易的估值，交易之后则又成为后续融资交易的估值参考。可以说，估值的过程既是对公司未来的效益水平进行科学的量化过程，又受到当下市场环境的影响。

（2）根据溢价水平做出估值

可比交易法与可比公司法大致相同。它是指在融资估值过程中，选择同行业中与目标公司规模相同，但是已经被投资、并购的公司，在这些已经被投资和并购公司的估值基础上，获取与融资估值相关的财务数据，并计算出相应的融资价格乘数，以此为依据对目标公司进行融资估值。

全球首家电梯媒体分众传媒收购框架传媒和聚众传媒的时候，便将自身的市场参数作为依据对框架传媒和聚众传媒估值。完成框架传媒的收购后，框架传媒的估值也作为聚众传媒的估值依据。

总体来说，可比交易法的运作流程是：A公司在不久之前获得融资，B公司与A公司同属一个行业，并且在业务领域上也与A公司相似，但是B公司的经营规模比A公司大3倍，那么在对B公司进行融资预估时，就需要在A公司的估值基础上扩大3倍左右，虽然实际的融资估值会出现偏差，但是在大体上其融资估值的效果还是不错的。

4. 标准计算法

一般有两种方法。

（1）计算公司的利润

一般来说，发展较快的高科技创业公司按照利润来估值计算比较合适。利润计算的逻辑是投资人投资的是一个公司的未来，是对公司未来的盈利能力给出当前的价格。因此，计算方法为：公司的估值＝预测市盈率 × 公司未来 12 个月利润。

例如，某高新技术公司按 2020 年预测利润的 X 倍市盈率计算，2020 年预测税后净利润为人民币 Y 亿元，该公司估值为 Z ＝ X × Y 亿元。其中，公司未来 12 个月的利润是通过公司历史财务数据预测出来的，那么主要的问题就是计算预测市盈率了。

通常来说，风投机构确定预测市盈率时普遍用到的方法是给历史市盈率打折扣。例如，互联网行业的平均历史市盈率为 60%，那么预测市盈率大概是 50%。

对于同行业、同规模的非上市目标公司来说，参考的预测市盈率会继续打折扣，一般为 20%~30%。如果目标公司在同行业中属于规模较小的初创公司，参考的预测市盈率会再打个折扣，基本上为 10%~15%。如果某互联网初创公司预测融资后下一年度的利润是 1 000 万元，公司的估值为 1 亿 ~1.5 亿元。

（2）以销售额为基础进行估值

如果公司还没有产生利润，可以以公司的销售额为基础，按照行业的平均利润率进行估值，如表 11-2 所示。

表11-2　销售额计算法

行　　业	平均利润率	年销售额	估值计算
某行业内公司	X	上一年年度销售额或者下一年预计销售额 Y	X × Y

例如，制造业利润率超过 35%，估值可以是最近一期的年度销售额或预计下一年的销售总额乘以 2；批发业利润较低，估值可以是年度销售额乘以 0.5；商业零售业的公司估值可以是年度销售额乘以 1。这只是一般情况，具体情况则要具体分析。原则上不会偏离太远。

11.3　如何设计融资的流程

基本的融资流程共分为以下 5 步。

第 1 步，创业者提交创业申请，供投资人审查。当创业者选定了创业目标，且在人才、推广渠道、商业模式等各方面的条件都有所准备，"万事俱备，只欠资金"。这时候，创业者就需要提交一份创业申请，其中要详细描述有关创业的种类、资金规划、财务预估、行销策略、风险评估等，吸引投资人的目光。

第 2 步，投资人初步认可项目，创业者提供完整的商业计划书。如果投资人初步认可该项目，会要求创业者提供完整的商业计划。该商业计划应包括三方面内容。

（1）业务简介：公司的管理者简历；过去三年内的盈利情况；公司的战略定位及对投资人的退出机制设计。

（2）经营计划：经营战略；行业分析；竞争对手分析；资金用途分析。

（3）其他与公司相关的背景资料分析。

投资人将用两周时间对这份商业计划书进行可行性分析，并对创业者提供的资料承担保密义务。

第 3 步，合同锁定后，协助投资人完成尽职调查。在投资人审查完商业计划并认为该项目拥有较大的市场潜力之后，将与创业者以合同的形式锁定该项目，并会尽快进行相关的尽职调查工作。在此期间，该创业者不得与其他投资人讨论融资问题。此外，投资人的公司将会派人到创业者公司及其相关客户、供应商处进行调查，创业者应给予必要的协助。

第 4 步，终极谈判，确定相关条款。在投资人进行尽职调查的后期或即将完成之时，若未发现重大隐瞒问题，便会与创业者就公司的估值进行谈判，这其中会涉及公司的价值衡量、公司估值方法及融资金额等。

第 5 步，完成签署合同前的最后确认。在准备签署的有关文件或投资协议时，创业者与投资人需明确以下三方面内容。

（1）双方的出资数及各自所占股份，包含对技术的定价、对员工持股的安排。

（2）公司的组织结构及双方各自担任的职务。

（3）投资人的控制与保护。

11.4 融资过程中的法律与会计事务

融资过程中会涉及许多专业问题，其中最主要的是法律与会计事务。

1. 法律事务

从法律角度看，律师事务所在融资过程中的工作分为 5 个部分：前期接触，签署意向文件；做项目调查，形成决策依据；综合考虑各种因素，确定交易框架；双方律师协商谈判，签署合同；办理交割，完成投资。

前期接触签署意向文件时，创业者要先了解投资人类型。一般而言，投资人分为战略投资人与财务投资人两类。在确定投资人之后，创业者与投资人就需要协商 TS（投资意向书）的内容，约定投资目标的大小、估值，即多少钱占多少股份，此外，还涉及可转换债券、信息披露及保密、尽职调查、融资方陈述保证、交割前提和条件、其他有关的商业条款、竞业禁止范围期限、独家谈判期限等。

需要注意的是，意向文件不具有法律约束力，任何一方可随时终止合作；但除非重大意外或变故，否则意向文件通常都会得到尊重。简单来说，TS 就是一个意向文件，上面记录了有关的商业条款，双方签字后，可以作为后续其他文件的依据。

在天使轮甚至 A 轮融资阶段，部分投资人对项目调查不太严格。一般项目尽职调查会安排在 A 轮融资以后。项目尽职调查的内容很多，包括股权、知识产权、合同、牌照等，还有如财务尽调、业务尽调等。项目尽职调查是股权投资过程中必不可少的环节，投资人常常依据尽职调查结果，对目标公司进行客观评价，并形成尽职调查报告，投资人还会再依据尽职调查报告与风险控制报告进行决策。

资本市场有多个投资架构，选择性很多，创业者需考虑自身的实际情况、资本市场的喜好及具体业务类型等因素从而选择最合适投资人投资的一种。

在确立架构后，创业者与投资人就会开始谈判协商，最终确定所有的条款并签署投资协议，双方会就某些具体问题或依据谈判的进度签署备忘录或会议纪要。在这个过程中，创业者的律师需依据尽职调查结果出具披露清单与法律意见书。投资人方律师则会依据法律与财务尽职调查中结果出具尽职调查报告，并在投资协议中加入交割前提条件及交割后续义务。

正式签署合同后，创业者及其公司需完成投资协议中规定的交割前提条件，包括一些审批、证照变更等。交割完成后，依照投资协议，创业者及其公司可能还有一些后续的义务需要履行，如按照投资协议解决公司问题、完成业绩指标、办理所需的权属变更手续、证照变更登记等。

2. 会计事务

会计事务中的第一件事是投资方需对目标公司资本进行验证，然后出具验资报告。验资报告是指注册会计师依据《中国注册会计师审计准则第

1602 号——验资》的规定，对被审验单位的股东（投资人、合伙人等）出资情况发表审验意见的书面文件。

公司资本验证报告一般包含标题、收件人、范围段、意见段、说明段、附件、注册会计师的签名和盖章、会计师事务所相关信息、报告日期。

第二件事是投资方需对公司财务报表进行审计并出具财务审计报告。公司财务报表审计是指对公司资产负债表、现金流量表、会计报表附注及相关附表进行的审计，并依法做出客观、公正的评价。进行公司财务报表审计的目的是判断其是否真实反映公司的经营状况与财务成果，从而维护公司的投资人、股东的合法权益，并为出具报表审计报告提供依据。

财务审计报告是由会计师事务所的注册会计师出具的有关公司会计的基础工作报告，如记账、核算、会计档案等工作是否符合会计规范，以及公司的制度是否健全等事项的报告，这是一种对财务收支、经营成果等全面审查后出具的客观评价。

11.5　如何获取合适的投资人

作为创业新手，创业者要如何做才能获取靠谱的投资人呢？下面推荐几个获取投资人的途径。

1. 通过身边的人推荐

融资领域有个"戏言"，早期的投资人一般都是 3F：Family（家人）、Friend（朋友）、Fool（傻瓜）。

傻瓜是指天使投资人，这些天使投资人将钱投资给素不相识的人，尽管他们的公司才开始起步或仅有一个创意，因此，在外人看来，他们与傻瓜无异。

找家人、朋友融资在早期并不困难，因为他们比陌生人信任你。相关调查显示，美国初创公司获得的天使投资中，92%来源于家人和朋友，来自商业天使投资人的比例仅占8%。

家人、朋友虽然不会像专业的天使投资人那样要求创业者有完整的商业模式与准确的财务报表，但他们也希望可以知晓一些事情。以下是创业者在找家人、朋友融资时需要注意的6点。

（1）不要害怕开口要钱，但说话要注意分寸。

（2）要乐观、要表现出尊敬。

（3）演示你的创业进度和取得的成果。

（4）不要指望筹到很多资金，只需筹到维持创业所需的资金即可。

（5）要沟通风险，签署协议。

（6）一直展示增量价值。

总的来说，从家人、朋友那里进行融资会简单许多，但切忌把家人朋友当作唯一的创业融资来源，专业的天使投资人也可以成为创业者的第一笔融资来源。

表11-3是2021年中国天使投资人TOP 30榜单，其中的名单都可以作为创业者融资的对象。

表11-3　2021年中国天使投资人TOP 30榜单（排名不分先后）

序　号	2021年中国天使投资人 TOP 30 榜单机构	投 资 人
1	方爱之	真格基金
2	陈维广	蓝驰创投
3	黄明明	明势资本
4	吴世春	梅花创投
5	李丰	峰瑞资本
6	王啸	九合创投

续表

序　号	2021 年中国天使投资人 TOP 30 榜单机构	投 资 人
7	元野	策源创投
8	李开复	创新工场
9	王明耀	联想之星
10	米磊	中科创星
11	费建江	元禾原点
12	毛丞宇	云启资本
13	李竹	英诺天使基金
14	徐诗	山行资本
15	陈向明	银杏谷资本
16	王梦秋	清流资本
17	赵阳	险峰 K2VC
18	黄昕	凯风创投
19	祁玉伟	接力基金
20	董占斌	青松基金
21	熊钢	澳银资本
22	艾民	大米创投
23	李剑威	真成投资
24	曾李青	德迅投资
25	王淮	线性资本
26	杨光	耀途资本
27	王东辉	阿米巴资本
28	张野	青山资本
29	陈军	紫金港资本
30	刘博	启迪之星创投

2. 网络搜寻

运用网络来经营人际关系是一种最常见的方式，微信、微博就是很好的平台，它们可以展示出众多的关系网络，如公众号、朋友圈、评论、超级话题等。

此外，创业者还可以在搜索引擎上寻找投资人的线索，如谷歌、百度、搜狐等，利用这些基本的搜索引擎可以找到众多投资人的网站信息，或者融资平台，如表11-4所示（以下排名不分先后），创业者可以选择适合自己项目的进行投递。

表11-4　融资平台

序　号	融资平台	属　　性	网　　址
1	华兴 Alpha	华兴旗下的早期融资平台	http://alpha.huaxing.com/
2	starup 星起	由逐鹿 X 与华兴 Alpha 联合推出的投融资平台	https://www.astarup.com/
3	猎桔	IT 桔子旗下早期项目融资平台	http://lieju.itjuzi.com/web/#!/estp
4	创业邦	在线创业投资平台	https://www.cyzone.cn/

3. 创业孵化平台

创业孵化平台中有很多知名的大众创业导师、天使投资人，而且还会举办一些由项目创始人报名参与的路演。路演时，创业孵化平台一方作为主持人，公司负责对项目的市场前景、商业模式、团队情况等进行讲解，导师、投资人会与之交流、探讨。

与商业计划书追求全面、详尽不同，创业孵化平台的路演追求简短、精练。下面是参加创业孵化平台路演活动的 4 个经验，供大家学习借鉴。

1. 使用 PPT 注意时间

一般情况下，路演都会用到 PPT，展示 PPT 的时间必须控制在 5 分钟左右，不能超过 10 分钟。

2. 讲述自己的创业故事

与 PPT、幻灯片、数字之类的信息相比，故事对投资人的吸引力更大，创业者可以把自己的创业故事讲给投资人听，这样更能够引起投资人的关注。

3. 突出项目的不同

在大众创业的背景下，人人都可以做的项目已经无法吸引投资人，如果创业者的项目有什么特点是当前其他创业项目没有的，就会更容易获得投资人的青睐。

4. 提前预测投资人的提问并想好答案

如果投资人对项目感兴趣，但是问了一些创业者之前没有考虑到的问题，这时创业者就会无言以对。因此，创业者对投资人的提问做到心中有数，回答问题时不卑不亢，投资人才会对创业者有很好的印象。

11.6　商业计划书六个关键要素

商业计划书有相对固定的格式。通常，商业计划书有六大要素，分别是公司产品及商业模式介绍、竞品分析说明、市场营销计划、市场执行方案、管理团队概述及资金使用计划。

1. 公司产品及商业模式介绍

只有让投资人认为产品是稳定的、有利可图的，才有可能引起投资人的兴趣。如果产品好，投资人就会将钱主动送到你面前。

在产品介绍时，创业者需要用一句话或两段以内的内容将其表述出来，

图 11-1 所示为一个关于知识付费模式的"新据点"项目的介绍。

新据点是一个共享经济的新模式，通过组织探索8小时外机会的职场人来为企业提供外脑服务来实现认知盈余的变现。

新据点将会由一个线上聚合社群和专属线下空间组成。线上维护认知盈余者社群，线下通过不同的业务活动实现最终变现。

图11-1 "新据点"产品简介

这个商业计划书的特点就是能够用很少的内容把"这是一个什么项目"讲清楚。由于投资人每天要浏览大量的商业计划书，留给每一份商业计划书的时间会很少。这时创业者就要用最简洁的语言将"产品是什么"和"商业模式是什么"讲清楚。

商业模式分为运营模式和变现模式。运营模式是获取流量和品牌影响力的操作方法，也是变现的逻辑支撑。以下是"新据点"的商业运营模式：引入知名培训引导师，利用空间进行培训和教练活动；引入新奇好玩的品牌产品，在空间内进行用户参与体验活动；实现保障空间使用率，同时沉淀参与者数据；在线上为 B 端用户精准匹配共创人才，并在线下空间进行共创工作坊，为公司提供外部协同创新；沉淀出超高级人才，成为顾问合伙人。组织特定的顾问合伙人，为初创公司提供公司顾问服务，并以此获得股权回报。

投资人在看了产品和商业模式的陈述后，会对项目有初步的判断，在继续看后续内容时会对自己的判断进行验证。

2. 竞品分析说明

在商业计划中分析竞品，将自己的产品与竞品做对比可以向投资人间接证明自己思虑周全，信心十足。对创业者来说，所在市场的竞争对手越少，项目成功的可能性越大。投资人当然也喜欢蓝海市场中的项目。因此，当创业者分析项目的竞争力时，应当列出同类竞争产品来说明项目的竞争力优势。

一般来说，分析竞品需要思考以下几个问题，如图 11-2 所示。

```
1. 竞争对手情况：是不是红海？竞争是否异常激烈？

2. 巨头情况：有巨头吗？如果有巨头战略，则需谨慎。

3. 巨头数量：是不是有多家巨头？如果巨头互相残杀
或者无暇顾及，那么可以抓住机会。
```

图11-2　分析竞品

从业务层面上看，创业者会尽可能地降低与巨头公司的业务重叠度。但对于投资人来说，如果项目与巨头的上下游相关，那也可能与巨头成为竞争对手。以电商为例，目标公司与巨头仅是品类上的差异是不够的。因为电商巨头有充足的资金调整团队结构、业务方向及产品品类。创业者如果选择将巨头当作竞争对手，试图分得一杯羹，那么创业风险性将会非常大。

3. 市场营销计划

由于商业计划书需要让投资人看到创业者对目标市场的深入分析和理解。所以，在商业计划书中要将市场营销计划方案做得详尽。下面是一份市场营销计划方案的模板，创业者可以从中学习和借鉴市场营销计划方案的写法和注意事项。

（1）市场营销计划概述

主要讲述营销目的和效果。一般只需两三句话即可。

（2）公司营销环境分析

将公司所面临的市场环境表述清楚，可多角度进行分析，如产品的现实市场及潜在市场状况、消费者的接受性等。在分析时，创业者可以采用 SWOT 分析的方法，将产品所面临的市场优势和劣势进行全方位的分析和掌握。

（3）公司营销目标

这一部分主要是为公司列出市场营销的目标，即公司按照营销计划方案执行，其所预期的经济效益目标，一般包括产品的总销售量、预计毛利和市场占有率等。

（4）具体营销方案

这一部分是营销计划方案的重点内容，一般会被分成营销宗旨、产品策略、价格策略、销售渠道和销售策略五大部分。

（5）各项费用预算

这一部分创业者需要将整个营销计划方案所使用的费用全部计算清楚，包括营销过程中的项目费用、阶段费用、总费用等。

（6）计划方案总结

该部分是营销计划方案的补充部分，即预计在执行时可能会出现的变动及其解决方案。

4. 市场执行方案

在商业计划书中，撰写一个完整的市场执行方案至关重要，那么，在市场执行方案具体包括哪些内容呢？通常，市场执行方案会分为八个方面的内容，如图 11-3 所示，这些都与上面的市场营销计划方案非常相似，创业者在制订市场执行方案时只需要将这八大要素考虑全面即可。

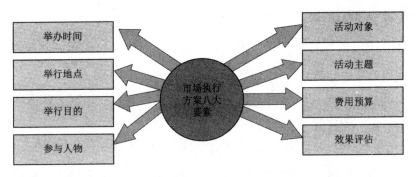

图11-3　市场执行方案的八大要素

在市场执行的方案制订过程中，创业者除了要将上面的八大要素考虑全面之外，还需要对其中的一些问题进行详细的规划，如果这些问题能够得到确定和解决，可以在很大程度上影响投资人的决策。

（1）项目经理的确定

市场营销活动中，每个活动都被看作是一个项目。每个项目在完成时，都需要有一个项目经理对活动进行整体把控。项目经理在市场活动中，负责和监督项目的实施进度和质量，确保项目在总体上有节奏。

（2）执行时间和进度的确定

一般来说，在制订市场执行方案时，为了保证营销活动能够落地，真正发挥效益，会采取一些省时、省力的方法，如将项目直接外包给广告行业的专业团队，这会让项目的执行更加有效率。

（3）活动的风险性控制

除了在制订公司的营销计划时，在市场执行方案的计划中也需要考虑活动的风险性控制问题。如果在市场执行方案中将营销活动的风险控制考虑全面，就能够在一定程度上使营销活动更加顺利，也会让投资人对公司留下谨慎、考虑周详的印象，有利于公司进行进一步的融资。

5. 管理团队概述

在介绍公司管理团队时，介绍重点是核心团队，创业者一定要将核心团队的从业经历和擅长领域突现出来，吸引投资人的注意力。

下面摘录的是一段腾讯公司主要管理团队的介绍，创业者在商业计划书中撰写这一部分时，可以将其作为参考。

"马化腾：主要创办人，首席执行官

马化腾，腾讯公司主要创办人之一，董事会主席、执行董事兼首席执行官，全面负责本集团的策略规划、定位和管理。1998 年创立本集团前，马先生曾在中国电信服务和产品供应商深圳润迅通讯发展有限公司主管互联网传呼系统的研究开发工作。马先生于 1993 年取得深圳大学理学学士学位，主修计算机及应用。

刘炽平：总裁

刘炽平，腾讯公司总裁。2005 年加盟腾讯，出任本公司首席战略投资官，负责公司战略、投资、并购和投资人关系；于 2006 年升任总裁，协助董事会主席兼首席执行官监督公司日常管理和运营。2007 年，被任命为执行董事。加入腾讯之前，刘先生为高盛亚洲投资银行部的执行董事及电信、媒体与科技行业组的首席运营官，并曾在麦肯锡公司从事管理咨询工作。刘炽平先生拥有美国密歇根大学电子工程学士学位，斯坦福大学电子工程硕士学位及西北大学凯洛格管理学院工商管理硕士学位。"

从上面的介绍中可以看出，在商业计划书中，应先介绍团队成员的基本职责，然后再分别介绍每位管理人员的特殊才能，描述每个管理者对公司所做的贡献。另外，商业计划书中还需要明确公司的管理目标，标明组织机构图，以便投资人对公司的管理团队有更为清楚的认识。

除了对核心团队进行描述外，商业计划书中还需要体现公司技术、销售、运营等方面的核心骨干成员，对团队成员的互补性和完整性进行展示，以增加团队融资的筹码。

6. 资金使用计划

资金的使用计划是商业计划书的另一重要组成部分。前面五个部分介绍完毕之后，投资人已经对公司的基本情况和项目的情况有了大致的了解，即前面的资料已经使投资人对公司有了认可的态度，这时创业者就需要为投资人列出资金的使用计划。

在明确融资金额的情况下，核心团队需要对本轮融资的用途进行重点说明，最好将资金的使用情况细化到具体的项目。这样，能使资金使用计划翔实、有力，更能引起投资人的兴趣。

这部分内容要求公司对自身的业务拓展计划有充足的准备，并且要求公司能够制订出具体的资金分配方案，考验的是创业者的战略规划能力，同时也能体现出公司花钱的能力。

在商业计划书中，会将资金的使用计划单独放在一起进行介绍，具体内容多达十几项，如下所示。

（1）资金需求说明。

（2）资金使用计划及进度。

（3）投资形式。

（4）资本结构。

（5）回报／偿还计划。

（6）资本原负债结构说明。

（7）投资抵押。

（8）投资担保。

（9）吸纳投资后股权结构。

（10）股权成本。

（11）投资人介入公司管理之程度说明。

（12）报告。

以上就是商业计划书中资金使用计划所需要具备的主要内容，在实际的计划书撰写过程中，创业者需要根据投资人的意愿，对其进行灵活的删减和添加，保证让投资人看到自己想看到的资金使用计划。

11.7　商业计划书撰写的五类错误

每个创业者都会写商业计划书，但是并不是所有的商业计划书都被投资人青睐。这虽然与融资项目本身有直接的关系，但商业计划书的撰写质量也在其中发挥着重要作用。下面就为大家讲解一下商业计划书在撰写过程中常见的五类错误。

1. 投资人感觉到你在群发

公司在融资的过程中，常为了增加商业计划书被看中的机会，选择与多个风险投资人同时进行交流。所以，在发送商业计划书邮件时，就会出现群发的情况。诚然，同样的内容发给不同的人，群发能够节省时间，提高效率，但这样也未免显得诚意不足。

投资人在进行投资项目筛选时，会先将这些群发的邮件进行过滤。有的邮件在抄送列表中十分明显地标注着另外多家投资机构，就像上级发的通知一样，在感觉上就让投资人不喜欢，进而拉低了项目的印象分。

对待群发的商业计划书邮件，耐性比较高的投资人会打开看一下，但是，大多数投资人对待群发邮件，都会直接将其扔进垃圾箱，这样，公司的商业计划书撰写得再好，也没有被投资人发现的机会。

其实，公司向投资机构或投资人投递商业计划书，其性质是一次较为简单的商务沟通。在沟通的过程中，投资人往往十分看重融资公司的商务沟通能力，其表现出的诚意往往会成为投资人对项目进行筛选的一个重要评判标准。而邮件群发，是商务沟通过程中的大忌，这说明公司自身的诚意有待商榷。

一般来说，创业者如果想要同时获得多家投资机构的注意，商业计划书也是可以群发的，但是不能让投资人看出自己在群发。明晃晃的邮件标注，会让投资人感觉自己只不过是众多选项中的一个备选，自然就会对该邮件产生不好的印象。

所以，商业计划书尽量还是不要群发，如果时间紧，必须要群发，创业者也要在邮件中表现出自己的"专一"，将自己想要获得融资的真诚表现出来。让投资人感到自己是和公司进行一对一的交流，这样才能提升商业计划书的投递效果。

另外，在商业计划书的发送中，还需要注意邮件的一些细节性问题，不要犯低级的错误，如邮件中内容字体不统一、文字颜色不统一、乱用标题等，这些都会影响到商业计划书的最终质量，使融资出现问题。

2. 不明确展现你的背景和团队

隐藏自己的背景和团队是商业计划书中的常见错误之一。通常在早期的投资过程中，投资人看中的就是人，即项目的创始人和核心团队。所以，在商业计划书中创业者要将自己的背景和团队表现出来，增加投资人对项目运作团队的信心。

市场是复杂多变的，创业过程也是一个充满未知的过程，项目的运作呈现出的是一种动态变化的过程，尤其是刚刚成立的公司，会不断面临产品、市场、竞争、融资等各种挑战。这时，团队就会在其中发挥重要的作用。创始人和核心团队需要具备在动态变化环境中纠正创业方向的能力，以此来减少试错的成本，将项目做好。

在市场面临资本寒冬期时，有数以万计的创业公司破产、倒闭，但是一些有实力、有能力的创业公司却能够渡过难关，与其创业团队的共同努力是分不开的。

所以，创业期间，经验丰富的创始人和团队能够大大降低创业失败的风险。在其进行融资时，投资人也会特别注重这一点。

3. 试图用邮件"感动"投资人

商场如战场，在商场上，没有人相信眼泪。所以，一些商业计划书中试图在邮件里打"感情牌"的做法是不可取的，这种做法也是商业计划书撰写过程中常见的错误之一。

例如，某些创始人在发送的商业计划书邮件中出现了这样一段内容："您好，我是一名历经三次失败的创业者。我从小家里的条件不好，在创业的过程中也屡屡碰壁，但是我还是有一颗奋斗的心。现在我这里有一个创业项目，希望您看一看……"

通常，带有这样开头的商业计划书都会在第一轮的筛选中被筛掉。商业计划书中加入这些感性内容，往往会降低双方沟通的效率，有时还会给投资人留下不好的印象。

拥有 800 多万粉丝的"90 后"美女漫画家"伟大的安妮"曾发表了名为"对不起，我只过 1% 的生活"的微博，用插图绘画讲述了自己"如何走上漫画家的道路"的故事，瞬间引爆网络。一天内，该微博转发量超过 40 万次，点赞人数 34 万以上，还有将近 10 万条评论。在微博里，安妮将自己实现梦想的故事以漫画的形式讲述出来，并推出了自己开发的"快看漫画"App。

当时该微博的阅读量超过了 6 000 万，超过 30 万的用户下载了她的App，拿到了 App Store 免费榜排名的榜首。如果单个 App 的推广价值为 5 元，安妮的这次营销为她带来了 150 万元的收益。此外，营销成功的背后还有许多隐含的利益，比如更多的粉丝，更多的读者，更高的知名度，甚至吸引了更多的商业合作机会。

在安妮的实现梦想漫画中，弱小化的情感被无限扩大。安妮漫画的内容非常符合圈内创业者的性格，使他们产生了共鸣。安妮通过奋斗从草根到知名漫画家的蜕变，非常吸引观众的眼球。随着故事情节的后续发展，一些更加悲剧的事情都降临在漫画女主角身上，社会公众对于故事的看法及评论因此更加深刻。

后来，快看漫画短短半年时间，就迅速在市场上获得了 300 万美元的 A 轮投资。2017 年 12 月快看漫画完成 D 轮融资，融资金额高达 1.77 亿美元，其融资能力可见一斑。

如果创业者只能从上述案例中总结出快看漫画是利用了"感人"这一要素，获得了融资，那么创业者就太小瞧投资人和投资团队了。投资团队和独立投资人在进行项目投资时，绝不会把自己的感性认知放在理智前面，他们看中的是项目本身的投资价值。

快看漫画之所以能获得大笔融资，是因为其创业项目本身有投资潜力和价值。快看漫画发布的"对不起，我只过 1% 的生活"漫画爆红后，带来了巨大的流量，其巨额流量面前，未来巨大的商业利益得以显现，这成为投资人十分看好的高收益投资项目，所以，快看漫画才能获得这几轮融资。

在媒体报道中，大家看到的是草根创业故事，其中蕴含着崇高的社会理想和情怀。但是这些都是在融资成功、公司获得大发展之后所呈现的。在投资界，利益是第一位的，这是投资人公认的商业本质。因此，创业者想要让公司获得融资，还是需要有能够盈利的项目做基础。

4. 利用生僻概念包装项目

自造生僻概念包装项目是商业计划书的撰写过程中的另一项常见错误。

公司撰写商业计划书的目的是拿到项目投资，所以，其表述必须简洁、方便，让投资人可以看懂计划书，用一些自造的生僻概念来包装项目反而会作茧自缚。

有些创业者认为，越是专业、难懂的名词，越能让项目具有深度和价值，结果常常会将各种概念套用到项目中，如"切入式互联网教育平台""跨境垂直的自媒体电商社群"这些概念有些是使用对象不符，有些则是公司自己杜撰的。这些概念被写进商业计划书，会让投资人花费更多的精力去分辨，使得融资项目的定位不准确，不能对投资人形成吸引力。

一般来讲，商业计划书的撰写需要遵循"一句话讲清楚你的项目"的原则，即用最简单的概念和语言将项目清楚、完整地描述出来。这样做，既能够节省投资人的时间，还能够让投资人看到融资项目的本质，以便他们更快地对项目做出投资判断。

的确，现在有很多投资人会比较喜欢用概念为项目做包装，但是，投资人所倾向的概念与某些公司自造的概念完全不同。投资人所希望在商业计划书中看到的概念是可以将项目用一种自己熟悉的模式去解释。概念是为了更加简明直观地了解投资项目，以便自己能够迅速判断出投资的方向和项目的估值。

概念与创造价值并不是等价的，在计划书中胡乱套用概念只会起到适得其反的效果。如果确实不清楚从哪个角度包装项目，那就用最通俗易懂的概念，这样，至少保证投资人能够知道计划书中讲了哪些东西，这比让投资人看不懂项目要好很多。

5. 对投资人没有充分了解

商业计划书在发送过程中，公司需要对投资人有详细的了解，这样才能"投其所好"，找到投资人的投资兴奋点。事先不了解投资人，是商业计划书投递过程中的又一大忌讳。一般来说，投资人都会有其投资的偏好，这些信息在网上都可以被找到，如投资人偏向的投资领域、看中的项目团队、投资趋势判断等。这些信息都能为公司融资提供方向。

在公司融资的过程中，一些有心的创业者，会在融资前想方设法寻找与融资项目相关的信息，将过去投资人的投资倾向和注意事项都掌握透彻，从这些信息入手，去接触相应的投资人。由于融资和投资双方对项目的关注点大体相同，其契合度就会相应提高，最后项目达成的概率也会高很多。

例如，在投递商业计划书时，在邮件的开头写上："近日在 × × 上看到您的文章《× ×》，刚巧，我们的项目与您的文章相关度很高，希望您能抽出短暂的时间看一下邮件……"当这样的邮件被投资人看到时，他们就会从中感受到公司的用心，也更能够感受到公司的真诚，从而产生与融资公司进一步交流的欲望。

11.8　项目路演：PPT 制作 + 结构设计

创业者在融资时可能会参与一些路演活动，面对面向投资人讲述自己的项目。那么，路演要如何设计，才能让投资人在短短几分钟之内就留下深刻的印象呢？

1. PPT 制作

PPT 作为路演时最重要的材料，其设计是很有讲究的。无论是字体、页数、内容排版都要精心安排，这样才能增加在众多项目中脱颖而出的概率。

（1）字体的正确使用

一般来说，将一页 PPT 展示给投资人时，他们最先注意到的是最大号字体的内容，所以，创业者应该将整页中最重要的内容用大字号表示出来。

那么，最重要的内容是什么呢？就是该页 PPT 中要讲的内容。例如，这一页 PPT 是融资计划，融资计划这四个字就应该用大号字体；如果是产品展示，就应该将产品的标题用大字号表示，如图 11-4 所示。

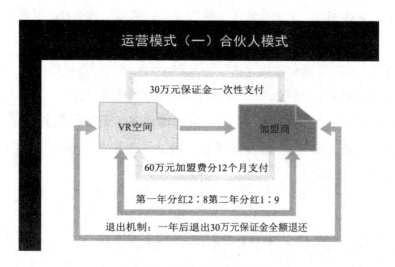

图11-4　VR空间商业计划书

在图 11-4 中，这页 PPT 主要介绍的是公司的运营模式，所以，将运营模式用大号字体来表示，而具体内容使用的是小号字体。这样一来，投资人可以很清晰地看出来这页 PPT 的主旨，不至于出现在介绍人介绍的时候投资人还不知道在讲什么的情况。

粗体字其实和大号字体一样，都是为了引起投资人的注意，使用粗体字和大号字体的内容有很多重合的地方，有的公司为了对不同的内容进行区分，会在使用大号字体的基础上还对其进行加粗。

一般来说，概括型的语句会在 PPT 中加粗。例如，在介绍项目的市场时，一两句话可能说不清楚，要进行较为详细的描述，这里就可以将"我们的项目有着广阔的市场"这几个字加粗加大，投资人一看就可以明白。

如图 11-5 所示，在这页 PPT 中，"全球电子游戏行业开启暴走模式"这几个字加粗加大，看起来非常明显。按照概括性字体加粗加大的原则，投资人可以清晰地知道底下这段话是对全球电子游戏行业的快速发展的描述，这样的展示方式非常有针对性，节省了双方的时间。

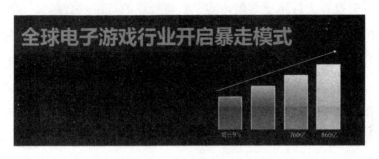

图11-5 粗体字的使用

另外，还有一种情况是只把字体加粗，适用于介绍同一部分不同的要点，如图 11-6 所示。

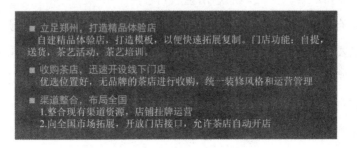

图11-6 粗体字的使用

在图 11-6 中，该页 PPT 将自己公司的门店改造计划中的主要措施用粗体字表示出来，用正常的字体对各个措施的具体内容进行介绍，因为这一部分包含的内容较多，所以，概括内容的字体并没有加大，只进行了加粗。

这样看起来比较协调，创业者自己在制作 PPT 时，可以借鉴此案例。

（2）页数要合适

在制作 PPT 的时候，很多制作者不知道应该制作多少页，少了怕要点展示不全，多了又怕投资人没有耐心看。

其实，PPT 的页数并没有明确规定，有的公司认为，页数越多越好，因为可以向投资人展示更多的内容，获得投资的概率就会越大。事实并不是这样的，曾经有个公司做了将近 100 页的 PPT，内容非常详尽，但投资人听到最后，已经完全没有耐心了，根本没有心情再去听创业者介绍，所以，内容再多、再好也无济于事。

一份路演 PPT 合适的页数在 5~7 页，这样既可以展示最重要的内容，也可以保证投资人有耐心听完。有的人可能会就觉得这个页数有点儿少，其实不然，这几页 PPT 足以把重要的要点展示出来，创业者可以这么分配：公司、产品（服务）、市场、盈利预期、融资计划、退出机制这几个要点各占一页 PPT，一共是 6 页，最后再给项目的标题留下最前面的一页，这样一来，完全可以在 7 页之内展示出重点内容。

如果有的部分在一页中展示不开，创业者可以通过调整字号的方式来解决，只要字号不太小就完全没有问题；要是创业者的公司有必须展示的亮点不能在 7 页之内完成，那么可以稍微多一点，不过也一定要保证在 10 页之内完成。

（3）内容与背景的对比度

在制作 PPT 时，选择一套合适的背景非常重要，有的公司并不注意这些，直接将内容放在空白的背景中，这是非常不正确的做法，因为会让投资人觉得创业者的前期准备工作不充分，对这次融资不重视，他们也就很难为公司投资。

对于背景的选择，创业者必须要记住的一点就是保证内容与背景的对比度，对比度越高，内容展示的也就越清楚，投资人看起来也就越轻松、越舒服。

投资人节省了看 PPT 的时间和精力，自然就会把重心放在听介绍人对具体内容的讲述上。这样一来，投资人可以轻松得到更多关于此项目的亮点信息。

要想达到内容与背景的高对比度，在选择背景时应该尽量以浅色为主，不能太过花哨，力求简洁、素雅、大方。如果只考虑背景的美观，选择一个颜色丰富，设计感很强的，那么就会喧宾夺主，分散投资人的注意力。提高背景与内容的对比度还有一个非常实用的方法，那就是将字体设置成与背景相差很大的颜色，如白色的背景配上黑色的字，内容就会展示得很清楚了。

2. 路演结构

（1）黄金圈法则结构：圈圈相套

顾名思义，黄金圈法则结构其实就是三个套在一起的圈。其中，内圈是 Why（为什么），中圈是 How（怎么做），外圈是 What（做什么），如图 11-7 所示。

黄金圈法则结构最早由演讲者西蒙·斯涅克提出，指的是在和听众沟通的时候应该遵循从内圈到中圈再到外圈的顺序，即从 Why 到 How 再到 What，这样更容易激发他们的热情和积极性。

详细来说，最内圈是 Why，关键点是目的、使命、信念，即为什么要做；中圈是 How，关键点是过程、方法，也就是具体应该怎么做；外圈是 What，关键点是结果，主要说明这是一件什么事情，有什么特点，你做了什么。

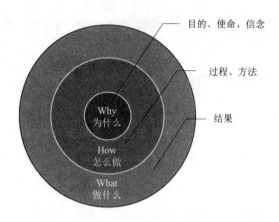

目的、使命、信念

过程、方法

结果

图11-7　黄金圈法则结构

例如，创业者想通过黄金圈法则结构让投资人了解自己的公司，需要从三个部分着手。

首先，从内圈的 Why 说起，也就是为什么公司会存在？例如，核心使命是改变市场的现状，打破固有的思维模式；其次，介绍中圈的 How，也就是如何实现核心使命？例如，方法是研发并生产出了性能高、速度快、体验好的产品；最后，阐述外圈的 What，也就是自己究竟是一家什么样的公司？例如，是一家专门生产手机、电脑等数码产品的公司，同时也是行业中的佼佼者。

由此可见，黄金圈法则结构更适合为投资人介绍公司、产品或者项目。以介绍产品为例，先阐述为什么要研发并生产这个产品（Why）；然后再阐述这个产品怎样帮助或者改变了用户（How）；最后再阐述这个产品拥有什么作用和价值。

如果能在这三个圈中各加入一个故事，融资的成功率还会进一步提高。以某公司创始人进行的一次路演为例，路演的一开始，这个创始人便说："今天我想讨论改变世界的话题，想跟各位投资人讲三个故事。"这三个故事就完全符合黄金圈法则结构。

第一个故事是，他为什么要做这个项目，符合了黄金圈法则结构中的 Why；第二个故事是，他如何做这个项目以及如何做好这个项目，符合了黄金圈法则结构中的 How；第三个故事是，他做这个项目的结果是什么，这个结果赋予了他什么，符合了黄金圈法则结构中的 What。

讲完三个故事以后，创始人就开始收尾。不难看出，在黄金圈法则结构的助力下，他完成了一次非常合格的路演。一方面，把自己和项目阐述得非常清楚；另一方面，把一个宏大的主题诠释得既到位又完美，赢得了投资人的青睐。

（2）PREP 结构：基础的总分总

如果单看 PREP 结构的名字，可能会显得非常难理解，但事实并非如此，因为该结构的本质就是最基础的总分总结构。PREP 结构有以下 4 个组成部分，如图 11-8 所示。

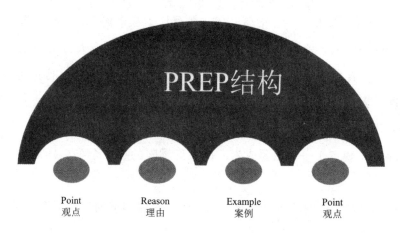

图11-8　PREP结构的4个组成部分

如图 11-8 所示，PREP 结构其实就是最经典的作文结构，相信很多人在上学的时候都会经常使用。而现在，这一结构也成为路演中的"法宝"。在使用 PREP 结构进行路演的过程中，应该注意以下三方面的问题。

第一，在一开始就表明观点，切忌有半点犹豫。

第二，给出的理由不需要太多，两三个就可以。一般情况下两个比较合适，因为这样更容易把握好案例部分。

第三，最好把自己的经历或故事作为案例，主要目的是提升说服力和吸引力。

第四，路演结束之前，必须要重新强调一下自己的观点。

下面假设你是罗永浩，想利用 PREP 结构在路演中介绍锤子手机，那你就可以这样安排。

Point（观点）——任何一个不愿意平庸的人都应该拥有一部锤子手机。

Reason（理由）——第一个理由是，无论是品牌，还是外观、配置，抑或是软件，锤子手机都可以让你成为一个引人注目的人。第二个理由是，锤子手机可以展现个性，这是全世界都知道的事情。

Example（案例）——前段时间，我参加了一个聚会，中途来了一个我根本不认识的人，他的手机马上就要没电，但全场没有人带了充电宝或者充电器。就在这时，我把自己的锤子手机拿出来，帮这个人把手机充满了电。这个人第一次知道，锤子手机还可以为其他手机充电，于是加了我的微信，和我成了好朋友，同时也成了锤子手机的忠实用户。

Point（观点）——想要成为人群中最耀眼的那一个吗？赶紧选择锤子手机。

由于 PREP 结构的逻辑性非常强，因此在路演的时候，只要遵循观点、理由、案例、观点的顺序，就不会出现太大的错误。不过，要想把这一结构运用得好，还是要多练习、多实践，并且要在路演前做好充分准备，如熟悉演讲稿、编排好案例等。

（3）时间轴结构：以时间顺序为核心

时间轴结构也不难理解，就是按照时间顺序来进行演讲，在使用这一结构的时候，无论是讲事实也好，谈想法也罢，关键点都是要有时间轴。

时间轴结构之所以会成为常见结构，主要是因为它可以通过时间线索将不同的事物或者故事联系在一起，并赋予其清晰的逻辑。一般来说，该结构比较适合创始人、董事长、总裁、总经理等高层领导使用，毕竟其特点就是大气磅礴，而且动不动就要延伸五年、十年，甚至上百年。

那么，究竟如何在路演中使用时间轴结构呢？最关键的一点就是，发现不同事物或者故事之间的关系，并在此基础上进行先后顺序的排列。

某公司的创始人在路演过程中讲道："七八年以前，我在上海建立了一家公司，它孕育于自由，并且献身给一种理念，即每一位员工都有发挥创意的机会。"这句话涉及了第一个时间点——"七八年以前"，阐述了过去的事情。

之后又说："现在，我们正在经历一次伟大的变革，我们在考验，究竟拥有这种理念的公司，是否能长久存在。"这里涉及了第二个时间点——"现在"，重点是着眼于当下。

为了提升投资人对自己的信心，他又提到了第三个时间点——"将来"，具体是这样说的："公司的员工都愿意献身于我们面前所进行的伟大工作，要让所有的用户都用上我们的好产品。"

在上述案例中，这个创始人使用了以"过去—当下—将来"为主线的时间轴，一方面，可以充分体现公司的发展过程；另一方面，可以通过发展过程，向投资人预测公司将来的走向。

（4）金字塔结构：强大的引导性

与 PREP 结构相同，金字塔结构也由 4 个组成部分，具体如图 11-9 所示。

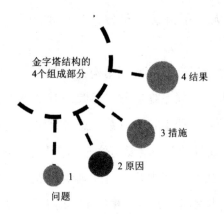

图11-9　金字塔结构的4个组成部分

　　那么，金字塔结构应该如何使用呢？其实并不困难。下面以某部门经理所做的路演为例。如果该部门经理想通过金字塔结构完成路演，那就应该从图 11-9 中的 4 个组成部分着手，进行具体的安排。

　　问题 ——去年，我们公司的销售业务没有取得好成绩，销售总量下滑了 25%，这是绝对不被允许的。对此，我们已经引起了足够的重视。

　　原因——经过我的认真调查，发现导致销售量下滑的主要原因有两个：第一个是新产品存在比较严重的质量问题，使用体验不够良好；第二个是市场上出现了很多强有力的竞品，竞争压力越来越大。

　　措施——首先，我们会严格把控和监测产品的质量，只要发现不合格产品，立即停止销售；其次，我们必须团结起来，找到可以打败竞品的新卖点和销售策略。

　　结果——通过市场调研，我们得到了很多有价值的数据，并在这些数据的基础上制定出解决措施。另外，研发部门、采购部门也给我们提供了一些比较不错的建议，有助于销售总量的提升。

　　金字塔结构拥有很强的引导性，可以将投资人的思维和激情全都带动起来。当然，如果创业者的语言再煽情一些、情绪再高昂一些，路演的效果还会更好。因此，金字塔结构其实是一个非常高明的选择，完全可以打造出一场现象级路演。

11.9 避免与短线投资人合作

短线投资是指在几天内，甚至当天内买进卖出，获取差价收益的投资行为。这种行为从本质上来说属于投机行为。

创业初期的公司在选择投资人时，一定不要选择短线投资人，因为他们投资以后，没过多长时间就会把钱拿走，这样对公司的发展很不利。比如，创业者在进行一个项目时急需资金，然后拿了短线投资人的钱，但投资人后来在项目进行的关键时刻把钱拿走了，这时创业者就会变得很被动，因为创业者如果短时间内筹集不到那么多的钱，很可能就会导致项目失败，让公司损失惨重，甚至还有可能面临破产。所以，公司一定要避免短线投资人参与，以免白忙一场。

那么，怎么知道投资人是短线投资还是长线投资呢？创业者可以查询一下投资人的投资记录，具体可以去当地的工商局查询，或者在网上查询投资人的网络投资理财记录。网络投资理财记录的查询方式如下。

（1）在中国建设银行网上银行查询"基金—历史确认交易"，如有红利再投资，会有明确的显示。

（2）利用基金公司网站的网上查询功能，输入身份证号和密码，查询历史确认交易。

（3）在基金公司网站登录网上交易，输入身份证号和密码，查询历史确认交易。

　　创业者可以从投资人的投资记录中看出他是不是短线投资人。如果该投资人的投资记录都属于短线投资，那么，创业者就可以确定该投资人是短线投资人。这样的投资人，创业者千万不要让他进来。如果某投资人有短线投资记录，也有长线投资记录，这时创业者就要视公司情况而定。如果某投资人一直做长线投资，这样的投资人最为保险，创业者可以多让这样的投资人进入。

第 12 章

商业谈判：做走心的交流和沟通

　　创业过程中，创业者会面临无数次商业谈判，其谈判对象有供货商、投资人、业务伙伴等。创业者的谈判能力会直接影响公司能否在业务中掌握主导权，因此，创业者一定要重视商业谈判工作。

12.1 谈判之前的准备工作

为了在谈判过程中占据主动权，创业者必须在谈判前做好充足的准备。以与投资人谈判为例，为了顺利融资，创业者要提前准备业务简介、经营计划及想好要出让多少股份。

1. 业务简介

很多创业者将自己融资失败归咎于资本寒冬的到来，事实并非如此。资本市场的钱并没有少，只不过投资人在挑选项目时要求更加严苛了。在这种情况下，优秀的项目和创业者将无所畏惧，但更多的创业者将在洗牌中被无情淘汰。

那么，如何介绍项目，才能在谈判中吸引投资人呢？说清楚产品定位和痛点非常关键。

业内曾流传着一个陈述产品定位的公式："产品的存在针对×××人群+描述潜在用户人群+产品属于×××类别+核心卖点+与竞争对手产品的主要区别。"这个框架可以为大部分产品业务做出清晰的定位。产品名字、品牌信息及产品特征都源于产品定位，所以，投资人非常看重这部分内容。

第一步：先看目标市场

目标市场就是对市场进行细分后选择出的市场，即明确产品是给谁用的。这是陈述产品定位的第一步。

第二步：找出用户痛点

产品所满足的用户需求就是用户痛点。简单地说，痛点就是用户在正常的生活中遭遇的麻烦、纠结和抱怨，如果不能将问题解决，他们就会陷入一种负面情绪之中，产生痛苦。因此，用户需要一种解决方案化解自己的痛点，使自己的生活状态恢复良好。产品就是因为化解了用户痛点才具有价值。描述产品解决的用户痛点是陈述产品定位的第二步。

第三步：分析差异化价值点

差异化价值点就是将目标市场需求、产品及竞争对手产品定位综合考量，提炼出的产品独特价值点。分析产品的差异化价值点实际上是在考虑产品的特性，以及如何与其他营销属性结合的问题。当时乔布斯就是因为考虑到戴尔、康柏等办公电脑公司的竞争，为了差异化定位才转变了苹果电脑的产品定位。

产品定位与四种因素有关：产品、公司、用户和竞争者，即产品的特性，公司的资源，用户的需求与偏好，竞争对手的市场位置。创业者需要将这四种因素结合在一起考虑，然后准确地描述出自己的产品 / 业务。

介绍完产品方面的信息，接下来创业者还要向投资人证明为什么这个产品只有自己可以做好。

首先，介绍创业团队的优势。在资历背景方面，名校、名企及知名项目的经历会给创业者贴上一个优秀的标签。即使没有标签也不要紧，创业者可以具体说出自己在相关行业的经验及成就。在团队成员部分，要体现专人专用的思维。

一个合理的创业团队职能布局应当有绝对领导者、天才技术人员、行业资深人士、销售人才、理财专家 5 种人。人际关系资源也是团队的优势。比如，团队吸引了巨头的关注，与巨头建立了合作关系。

其次，介绍项目所在行业情况。对投资人来说，项目所在市场的前景很大程度上会影响投资人的投资决定。原因很简单，市场在未来 5~10 年的变化是好是坏基本上都可以预测，在这一基础上，只要选择靠谱的创业团队，然后投入资金就能保证股权升值。

什么样的行业情况容易受到投资人关注呢？市场空间足够大，可以容纳百亿级别的上市公司。要想知道市场空间大小，创业者就必须分析当前市场已有上市公司的情况。创业者的经验如果足够丰富，就应当知道最好的创业机会源于与上市公司形成业务服务互补或是目标客户群体形成差异化。

天奇阿米巴基金投资内容创业服务平台新榜时，其创始合伙人严天亦是这样说的："越来越多的创业公司选择在微信、微博和其他第三方平台上发展，而不是马上就自己发布一个 App。这种模式下必然需要一个中立权威的数据平台，新榜横跨多平台的数据统计分析恰恰是一个非常好的选择。另一方面，建立在先发优势的基础上，新榜后期有很多衍生服务的可能性，这些服务会提供很多宝贵的专有技术。"

总而言之，团队越是优秀，市场越大，项目就越吸引人。一个明星创业团队加上亿级的需求，就算商业模式还不明确也是非常吸引投资人的，因为有用户就有转化。

2. 经营计划

在准备经营计划的介绍时，创业者需要知道投资人已经投入多少资金，计划再投入多少资金。这将会帮助创业者对投资总额有一个大致的判断。经营计划所需的总资金可以根据产品研发预算计算得出，如表 12-1 所示。

表12-1　产品研发经费支出预算

科　　目	预　　算
新产品设计费	
工艺规程制定费	
研究设备及设施折旧额，用于研究开发的原材料、半成品试制费	
用于研究开发的一次性仪器和设备购买费用	
用于研究开发的原材料、半成品试制费	

续表

科　目	预　算
技术图书资料费	
中间试验费	
研究人员工资	
外包研究费用	
与技术开发有关的其他费用	
合　计	

　　通过产品研发需要的总资金与已投入资金，可以计算得出经营计划再投入的研发资金。

　　以北京迅杰科技有限公司制作的商业计划书为例，该计划书分两部分介绍了经营计划的投入情况。

　　一是投资组合方式，该商业计划书描述道："在产品研发过程中，大量的资金周转使创业团队很难单凭自身的经济实力进行产品研发，产品研发需要的总资金为 600 万元，研发周期为 2 年，是一个研发周期较长、资金投入量较大的研发项目。所以，一般采用投资的多种组合运用，一方面，可以降低融资的压力，有助于资金的流通；另一方面，可以相对降低创业的风险，顺利研发产品。本项目产品研发资金来源有两个渠道：一是自有资金，二是社会融资。"

　　二是资金动作方式，该商业计划书描述道："自有资金全部用于产品研发；此外，还缺少的资金，则向社会融资。本项目产品研发需要的总资金（含资金利息）共计 600 万元，自有资金 120 万元，占总投资的 20%。计划再投入资金为 480 万元，占总投资的 80%。"

　　任何公司融资都是为了发展壮大，提升市场占有份额。在经营计划部分，创业者应当明确具体的财务规划，比如，采购原料花费、广告投入花费、租用场地花费等，这样可以让创业者在与投资人谈判时有更为清晰的条理性。

3. 见面之前想好要多少钱，出让多少股份

对早期的创业公司来说，可以通过运营成本来估算需要多少投资金额。一年半的运营成本是一个比较合适的数值，在一定的范围内浮动都不是问题。

用一年或者两年的运营成本去估算都是不合理的。如果是一年，融资较少，这就造成公司几个月后又需要融资，创业者也就无法将自己的精力集中在创业上，这对公司来说有弊无利。如果是两年，那就等于用现在的估值去募集两年后需要的资金，对公司来说是不合算的。因为如果公司发展顺利，两年后的估值可能是现在的 5 倍以上。这不仅造成了创业者股权的浪费，还不利于公司的发展。

所以，用中间的一年半的运营成本去估算需要的投资金额可以达到较好的平衡。那么，一年半的运营成本又如何计算呢？大部分创业者养成了有多少钱做多少事的习惯，突然要计算未来一年半需要的运营成本，一时之间就不知道怎么做了。下面列举三个重点。

（1）不需要计算准确值，找到范围即可。

（2）灵活对待财务模型，不需要一定按照预算表去执行。

（3）营收 / 毛利的增长应当大于成本的增长，否则应该检验公司经营是否出现问题。

计算出需要的投资金额后，建议创业者确定大于这一数值的融资金额。有很多这样的情况，在投资人还有兴趣加大投资的情况下，一些创业者就停止了融资。

那么，投资人要占多少股份呢？如果项目仅是一个创意，还没有成立公司或者公司刚成立不久，此时的融资就是种子轮融资或者天使轮融资。这一阶段，投资人拿到的股份一般为 10%~20%。

按照互联网公司的发展速度，天使轮融资之后的一两年，产品就会走向成熟，用户量也会有一定的增长，此时，公司就可以进行 A 轮融资了。在这一轮融资里，投资人会拿走公司 20%~30% 的股份。拿到 A 轮融资后，如果用户数继续增长，业务发展态势良好，再过半年或者一年之后，公司就进入了 B 轮融资阶段。这时候，公司一般会出让 10%~15% 的股份。

作为创业者，不必执着于自己的占股比例必须达到 50% 以上。只要公司股权结构健康，能够保证创业者对公司的控制权，妥协一下也没有坏处。否则，一味地执着于"拉锯战"，始终无法在谈判中与投资人达成一致，会严重影响公司未来的发展。

12.2　出价策略：适当占据主动权

周一上班的时候，李茉莉发现同事小美居然穿了一件和自己一模一样的外套。李茉莉的这件衣服是昨天刚买的，她本来还认为自己的审美挺独特的，没想到事实刚好相反。出于好奇，李茉莉走过去与小美打了招呼，并询问小美的衣服在哪里买的？多少钱？小美一一回答了李茉莉的问题。李茉莉顿时感觉很生气，因为小美的衣服与自己的衣服是在同一个商场买的，但是小美比自己少花了 100 元。

现实生活中，像小美和李茉莉这样的例子数不胜数。造成这种结果的原因是她们所用的出价策略存在不同。李茉莉看到这件衣服后，首先问老板多少钱，老板的回答是 480 元。李茉莉想了想，认为这件衣服只值 300 元，于是问老板 300 元能不能卖，老板说："不能，至少 400 元。"于是，李茉莉花了 400 元买走了衣服。

同样，小美也觉得这件衣服值 300 元，但她跟老板说："200 元能不能卖？"这个时候老板说："不能，至少 300 元。"于是，小美以自己觉得合适的价格买走了自己喜欢的衣服。这就是出价策略的应用。由此也可以看出，出价策略的意思就是，在谈价的过程中，应先给出一个低于自己预算的价格。这样一来，即使对方继续加价，也能保障自己的利益空间。

例如，当某人在购买汽车的时候，经销商给出的价格是 23 万元。而此人此时只想花 20 万元购买它，那么，这个时候他向经销商报出的价格应该是 15 万 ~ 18 万元，这样就给双方都留下了可谈判的空间，不至于形成僵局。当然，报出的价格也不能太低，否则会显得买方没有诚意，给人不切实际的感觉。所以，还是要把出价控制在一个合理的范围内。

尤其是对于商业谈判来说，这是一件比较严肃的事情。如果创业者出的价格低到离谱，显然会损坏自己在对方心目中的形象。情况严重的，还会影响到对方对自己的信任度。这对于公司经营来说，是致命性的打击。而且，公司之间的实际竞争非常激烈，有可能因为创业者的出价太离谱，而导致对方放弃合作，另投他家。

总而言之，出价策略的要求是，所给出的价格应该处于对方给出的价格与预算价格的平均值中。这也是出价策略的基本思路。创业者在谈判过程中运用这种思路，往往会收到意想不到的结果。

12.3　折中策略：找到双方的平衡点

在谈判过程中，对于谈判双方来说，他们都希望最终的谈判结果是于自己有利的。这样就很容易让谈判陷入拉锯战中，形成僵局。事实上，这种结果于谈判双方来说都是无益的。与其陷入僵局，让双方都不能从中受益，还不如各退一步，达到双赢的结果。那么，如何才能保证让自己放弃最小的利益而获得双赢的结果呢？答案就是折中策略。

詹姆斯有一块肥沃的土地要出让。消息公布出去后，众多的买家纷纷上门来找詹姆斯购买土地。但由于没能在价钱上达成共识，所以，詹姆斯的土地迟迟没有卖出去。一天，一位贵族打扮的女士来到詹姆斯家表示想要购买这块土地。詹姆斯像往常一样报出了土地的价格，60 万美元。

虽然这位女士有备而来，但听到这个价格后，还是吃了一惊。但是女士很快平复了自己的心情，继而对詹姆斯说道：“您的这块土地十分肥沃，而且水源充足，所以您所报出的价钱是十分合理的。但是，我只想用 50 万美元买下它。您看能否再商量商量？”詹姆斯听了后，有点儿不耐烦了，直截了当地说：“不能。”此时，女士继续说：“咱们是否都能各自退让一步，我出 55 万美元。”詹姆斯最终同意了这个价钱。

上述案例中的女士在谈判土地价格的过程中，就运用了折中策略。她想要得到这块土地，但是卖主不同意她的出价。于是她主动提出加价，加到了她给出的价格与卖主报出的价格之间的中间值。这样一来，既体现了自己的诚意，又易于让卖主接受。

所以，从深层次来看，折中策略体现的是平等互利的思想。从这一点来看，折中策略不仅适用于商业谈判，还非常适用于推销工作。销售员使用这种策略，往往能较容易说服用户，促成销售。因为被推销者在这个过程中会感到自己受益了，占到便宜了。事实上，在实际生活中，大家都倾向于用折中策略来应对问题、解决问题。

但是，需要注意的是，在商业谈判中运用折中策略还有一个需要注意的关键点，那就是要把握"适当的折中"的原则。如果是"错误的折中"，也就是一味地退让，只会造成事倍功半的结果。

12.4　施压策略：时间施压 + 信息施压 + 底线施压

1. 时间施压

有经验的谈判员不仅会注意谈判的措辞，还会注意控制谈判的时间，因为谈判时间也是影响谈判效果的一个因素。出生于法国巴黎，生活在意大利的经济学家帕累托曾经研究过谈判时间与谈判效果之间的关系。他的研究结果被称为帕累托法则，其结论是时间给创业者带来的压力是不可忽视的。

这一研究结果也告诉广大创业者，在进行商业谈判时，应该把握好时间，利用时间施压策略来推动谈判进程。

杜峰是链家地产的一名员工。一天，一位客户找到杜峰，想让杜峰帮自己出售一套房子。杜峰告诉客户要收取 8% 的佣金，客户认为佣金收取的比例有点儿高，于是两人在这个问题上展开了谈判。客户希望佣金比例能降低一些，杜峰随口说了一句："可以，但是房子的价格也要再降一些。"客户同意了。

由于这套房子的地理位置比较好，加上周围的环境和基础设施都比较完善，所以房源信息挂出去后，就有很多人前来咨询这套房子的情况。半个月后，杜峰顺利地为这套房子找到了新的主人。而且，让杜峰没有想到的是，对方居然没有讨价还价，爽快地接受了这个价钱，并且约定 3 天后三方签订合同。

此时，房子的原主人找到了杜峰，表示要重新谈佣金的问题。房子的原主人说："8% 的比例太高了，最多只能接受 5%。否则，我将考虑找其他的房产中介公司。"因为此时离签订合同的时间太近了，一旦原房主找其他的房产中介，那就意味着杜峰前期的工作都白做了。所以，杜峰在这种时间紧迫的情况之下，只好答应了 5% 的佣金比例要求。

在这个过程中，原房主用的就是时间施压策略。由于时间已经非常逼近杜峰与买主约定的签约日期，也就是杜峰能拿到佣金的时间，如果这时原房主不与他们公司合作，杜峰不但会失信于买主，而且一分钱也挣不到了。所以，权衡之下，杜峰只能接受原房主降低佣金的要求。

试想，此时杜峰如果还没有找到合适的买主，或者还没有与买主约定好签约日期，那么杜峰还会答应原房主降低佣金的要求吗？答案显然是否定的。因为这样杜峰的时间很宽裕，有足够的时间本钱与对方谈判，即便谈判失败了，杜峰也不会有任何损失。

所以，公司运营者在进行商业谈判的时候，当遇到对方急切想与你达成合作关系的情况时，可以适当提高合作条件，此时是最不用担心对方难以接受自己条件的时候。反过来，这也告诉创业者，千万不要等到事情处于非办不可的时候再去寻找合伙人。即使到了紧急的情况之下，创业者也要表现得不动声色，不给对方有运用时间施压策略的机会。

2. 信息施压

当今世界，信息的重要性不言而喻。的确，大到国与国之间的较量，小到公司与公司之间的商业谈判，信息的收集在其中起到了决定性的作用。可以毫不夸张地说，在这个过程中，哪一方掌握了更多的可靠信息，哪一方就能取得谈判的最终胜利。

所以，公司管理者想要在谈判中占据有利地位，推动谈判结果朝着自己预期的方向发展，在谈判之前就要做好充足的准备，包括从各种渠道、各个方面收集对方的信息。另外，谈判过程也可以作为一个收集信息的渠道。创业者要仔细倾听对方的发言，从对方的发言中收集信息，作为最后进行信息施压的依据。

美国前国务卿亨利·基辛格曾经在一次采访中被问道："你觉得我们可能知道对方会在这次沟通谈判中提出怎样的条件吗?"基辛格回答:"当然，我们绝对知道——这是毋庸置疑的。如果事先不做好准备了解对方的想法，分析对方可能在沟通谈判中开出的条件，那样的沟通谈判对我们来说会是一场灾难。"

公司管理者要想利用好信息施压策略，前提是不能过于自信。过于自信的人会缺少收集信息的耐心，他们总觉得自己已经了解得够清楚、够详细了，由此导致的结果是可想而知的。放下强烈的自信心，承认自己的无知，这样才能够收集到更多、更有用的信息。

除此之外，创业者在谈判的过程中还要敢于向对方提问题，善于向对方提问题。可以说，提问是一个高效且精准的信息收集方法。创业者想要收集的信息，基本上都能够通过提问得到答案，你可以向别人提问，意味着别人也可以向你提问。因此，创业者在回答对方问题的时候，要三思而后答，尽可能不要露出自己的破绽或短处来。

3. 底线施压

下面介绍的是谈判策略的最后一项，即底线施压策略。这一策略是指直接亮出自己的底线，给对方以压力感，促使对方答应自己的要求。当然，这其中也存在一个问题：一旦对方表示不能接受你的底线，那么你就失去了谈判的筹码，处于非常被动的状态。这显然于预期的谈判结果是不利的。

可能有人会说："那就再改一改自己的底线"，如果是这样，你的底线也就不叫底线了。换句话说，也就没有人会相信你的话了。由此导致的结果不仅是在谈判中处于被动地位，很有可能对方会直接放弃与你的合作，因为在对方的眼里你可能已经是一个不讲信用的人了。

虽然底线施压策略有这样一个缺点存在，但如果认识到这个缺点，就能有意识地规避这一缺点。创业者的底线可以根据不同的谈判场合进行更改，但不能在谈判中公然更改。也就是说，创业者应在谈判之前摸清对方的情况，制定好自己的底线，而不是在谈判中一而再再而三地放低自己的底线。

如果在谈判过程中，对方运用底线施压策略，那么创业者可以采取拖延战术以应对。也就是说，当对方亮出底线后，创业者就尽可能地拖延时间。例如，对方要求创业者在 3 天时间内完成某一项工作，创业者就要告诉对方这项工作包含哪些内容，某方面的内容比较复杂，不是短时间内就能解决的，从而可以给自己争取更多的时间，也让对方有更多的喘息机会。

另外，如果创业者做好了充足的准备，且心理素质较强，那么在遇到对方运用底线施压策略的时候，还可以考虑蒙混过关的方法。也就是说，明知对方的意图故意装作不知道，由此给自己争取更多的时间。可想而知，若是没有合理的理由，是不可能让对方相信的，这一应对措施也就无法实行。

12.5　善用 MECE 分析法与 SCQA 分析法

1. MECE 分析法

谈判是一门艺术，是一门关于语言和思维的艺术。如果在谈判的过程中思考问题的方式较为得当，语言表达也较为得体，那么，毫无疑问能极大地增强谈判的成功性。为了帮助创业者在谈判中能高效地思考问题，以及提出解决问题的对策，在此介绍一种问题分析方法——MECE分析法。

MECE（Mutually Exclusive Collectively Exhaustive），意思是"相互独立，完全穷尽"。它是由麦肯锡咨询公司的一名女咨询顾问在金字塔原理中提出的一个重要原则。运用到谈判中，就是指对问题进行分类、分层思考，从而找出问题的核心，并为之提出解决措施。

显然，这是一种较为有条理的思考问题的方法。因此，在谈判中使用这种理论，其效果当然可想而知的好。通常情况下，运用这种理论思考问题时，会借助鱼骨图，或者结合头脑风暴法。如果在商务谈判的过程中使用这种理论，就可以让创业者快速地找出问题的关键所在，从而给出解决措施。

另外，这个理论还能用于谈判之前的准备过程中。正所谓不打无准备之仗，创业者在与对方进行谈判之前，肯定要进行精心的准备。包括对对方可能提出的问题的分析，以及思考相应的策略，还包括对自己优势的分析和展示。公司之间的合作往往是强强联合，没有优势条件作为前提，很难找到合适的合作对象。

运用 MECE 分析法分析问题可分为三步进行。第一步，明确你需要解决的问题（你可以试着将这一问题分解为若干个子问题）；第二步，将影响该问题（或子问题）的因素一一罗列出来；第三，检查所罗列的因素是否正确、完整。在这一过程中，创业者可以请教其他人，或者参考其他资料。

2. SCQA 分析法

SCQA 分析法（Situation Complication Question Answer），中文翻译为情况复杂性问题回答分析，指的是通过描述当事者的心理状况，在发现问题的过程中，以设问的方式刻画出课题的问题接近法。

至于 SCQA 分析法有什么实用性的好处？例如，关于同样一个项目的讲解，普通思维下的讲解结果是，"目前我公司与出租车公司合作推出 12580 出租车电招热线，也就是我公司的'安捷通'。对于广大市民来说，这又是一大便利。我们这里展现的就是 12580 总台的调度系统，这个系统……"

运用了 SCQA 分析法后，做出的讲解词变为"不知道大家有没有这样的经历呢？在比较偏僻的地方等了很久都等不到一辆出租车，好不容易来了一辆，说不定还要跟一起等的人抢，感觉特别不方便，如果有女伴在，男士们也会觉得很没面子。下次如果再碰到这样的情况怎么办呢？您只需要拨打 12580，您预约的出租车将为您提供专属服务……"

如果你是听众，你会更倾向于哪种讲解方式？答案显然是后者。这就是 SCQA 分析法的作用所在。实际上，这种分析方法的特点在于，它是站在对方的角度考虑问题的。这样一来，在谈判中就很容易抓住对方的需求，击中对方的痛点，从而提高谈判的成功概率。

12.6　突出项目优势，提升自身竞争力

创业者与投资人沟通的时间可能只有几分钟，而投资人往往是没有耐心听创业者讲完项目的全部细节的。对此，创业者需要掌握一些介绍项目的技巧，突出项目优势，争取通过项目介绍在短时间内抓住投资人的心，让投资人主动延长谈话的时间。

1. 通过对应物强化项目优势

每一个投资人的个人背景、知识构成、喜好等都不尽相同，这使得投资人所关心的问题也是不一样的。但是，没有投资人不喜欢具有优势的项

目，所以，创业者需要在这方面做出努力。通过对应物强化项目优势就是其中一个技巧。

向投资人介绍自己的项目时，最好找一个对应物，即同行中成功或者失败的案例。找对应物的目的是让投资人简单明了地了解自己做的是什么，创业阶段是初期还是中期，年销售额多少，在同行业中处于什么地位。另外，非常关键的一点是，创业者必须重点跟投资人讲述自己与竞争对手的区别，突出自己的优势。

对应物相当于创业者与投资人打开话匣子的切入点。大多数投资人的时间是非常宝贵的，不会浪费时间听一个不知名的创业者铺开漫谈。所以，通过对应物去定位自己，让投资人快速清晰地知道自己现在的创业状况是非常重要的。

通常情况下，创业者第一次约见投资人往往只能给投资人留下一个粗略的印象，至于会不会有下一次的见面取决于项目本身的优势够不够吸引人。

2. 站在投资人的角度想问题

在与投资人打交道之前，创业者应当换位思考，想象一下如果自己是投资人可能会想问什么问题。这种方法可以帮助创业者做更充分的准备，在见面的时候更容易抓住投资人的心。

投资人经常问到的问题有："你做了什么东西？跟别人做的有什么不同？功能是什么？你的东西能为用户创造什么样的价值？你的目标用户是谁？用户为什么要用你的东西？"如果创业者之前一点儿都没有想过这些问题，很容易使场面变得尴尬。反之，站在投资人的角度想问题的创业者则能够自信地回答各种问题，赢得投资人的好感。

对于投资人来说，如果创业者的项目中有他想要的东西，他自然就会把资金投进来。从以往投资人支持的项目中不难发现，投资人最关注的是项目三个方面的信息。

（1）团队信息

投资人首先关注的是创业团队的信息。因此，创业者应当准备充分的团队信息以应对投资人的提问。创业者应当将创业团队的成员信息及之前所获得的成绩归总一下，以防投资人提问的时候无言以对。

关于这一点，很多人会有疑惑。面对潜在的投资人，介绍自己的好创意才是最应该做的事。但是，一个项目或者产品的设想可能足够好，却会随着项目的开发实施而发生变化。与之相比，团队是比较稳定的因素。在项目后期的运作过程中，目标市场、产品和商业模式都会稍做改变，而团队却是不变的因素。

（2）项目细节信息

在交流中，投资人会希望了解项目当前的融资额度、完成进度及资金使用情况等。创业者应当提前准备对这些细节性的问题进行回答。

一些创业者可能认为，这些问题需要在与投资人接触的后期进行具体介绍。但事实是，投资人不仅是数量有限的潜在合伙人，还是急于锁定投资项目的风险投资人员。投资人最后投资的项目只是接触过的项目中的几个而已，所以，他们会希望在最开始就看到项目各方面的细节信息。在短时间内将细节讲述清楚有助于创业者获得投资人的认同，最大限度地争取到投资人。聪明、经验丰富的投资人时间很少，如果创业者没有直接阐明要点，就可能错失这个机会。

（3）市场信息

投资人接触任何一个创业项目时，都会想知道创业者凭什么认定自己的产品存在广阔的市场。所以，创业者需要对市场有深入了解，并收集全面准确的市场信息。

如果按照市场调研公司提供的表格来说明原因是远远不够的。首先，创业者应当说明市场中现存的竞争的对手有哪些，与其相比的优势有什么。其次，创业者需要说明自己的产品卖点是什么，能够让用户感觉"非用不可"而不是"用了还不错"。最后，创业者还需要解释价格定位和商业模式的创新，以及新产品或新服务能否被目标市场接受等问题。

通过这些代表性的问题，投资人能够了解创业者的思维方式及创业者对产品的了解程度。创业者是积极改善市场还是闭门造车，是努力挖掘产品的各个方面，广泛传播产品创意，还是对产品感到不确定。而投资人也会据此判断这个项目是否值得投资。

12.7　如何看穿冒牌投资人的骗局

假投资人的最终目的就是要骗取创业者的钱。对于创业者来说，创业需要资金，而融资又是一件很难的事，在这时候一些假投资人就开始利用这样一个大环境进行欺骗，而创业者很容易因为一时着急而上当受骗，不但没有筹到资金，反而让自己的创业之路更加艰辛。假投资人的骗局有时候很容易让人相信，那么，创业者该如何识破假投资人的骗局呢？下面几类投资人，就需要创业者多加注意。

1. 什么项目都投

一个投资人有钱，但并不代表这个投资人什么项目都投。也就是说，创业者在接触到一个投资人的时候必须先对这个投资人做进一步的了解。

如果这个投资人涉及的领域很广，什么项目都投，那么，创业者就要注意一下，也许这个投资人是假投资人。因为一个投资人不可能把自己所有的积蓄都用来投资项目。创业初期的创业者很可能会简单地以为什么项目都投的投资人很有钱，只看到了钱这一方面。而实际上如果投资人什么项目都投，很有可能是假投资人，创业者必须提高警惕。

2. 要求交费听培训课程

那些还没有投资却让你先花钱的投资人，也可能是假投资人。这些假投资人的目的就是骗取创业者的钱，以后根本不会投资。

在接收到投资项目后，有些投资人会让创业者参加一些课程，但是这些课程价格不菲。这就是一些假投资人在联合不法的"黑"中介行骗，假投资人会在投资以前向创业者推荐中介机构，中介机构向创业者销售培训课程，然后收取费用，最后假投资人与中介一起平分骗来的培训费。而真正的投资人不会指定让创业者去接受中介机构的服务，因为这是违背行业行为规范的行为，只有假投资人才会这样做，因此，创业者要注意这种行为。

3. 让创业者承担高额消费费用

有些投资人会以参加路演的名义进行高额消费，让创业者来买单。一般来说，创业者在项目考察时都会对投资人很热情，而假投资人正是利用这一点，以拓展人际关系和扩大融资渠道为理由，带着创业者参加各种聚会，最后让创业者买单。

还有一些缺乏融资经验的创业小白，并不是很清楚融资的具体流程，即使投资人说参加路演要收费也不会怀疑。事实上正规投资公司的投资人是不会收取路演费用的，因为路演不是目的，招商才是目的。

收费参加的路演活动和融资活动是不能帮助项目融到资金的。假投资人会在创业者花钱之后以各种理由拒绝给创业者做投资，然后直接消失，创业者遇到这种投资人一定要提高警惕。

4. 以多种名目反复收费

假投资人会以各种名义来收取创业者的费用，如考察项目的路费、住宿费、招待费等，统称为考察费。然而在创业初期，一些创业者急于求成，总想快点找到投资人，这种心态恰好给了假投资人可乘之机，这些假的投资人在收取费用后很快就会销声匿迹。因此，创业者在遇到投资人以以下这几个名目收费时要多加注意。

（1）考察费

有些假投资人会让创业者支付大额项目考察费。对于一些缺乏融资经验的创业小白来说，并不是很清楚融资的具体流程，对收取项目考察费也不会怀疑。但事实上，正规投资公司的投资人不会收取该部分费用。

（2）撰写或修改项目计划书费

有些假投资人会告诉创业者商业计划书等资料不合格，需要重新撰写，然后指定创业者去某家投资咨询机构设计商业计划书，佯称已经打好招呼，可以让创业者享受优惠。利用创业者的侥幸心理，假投资人很容易就可以利用"黑"中介骗到钱。

（3）项目受理费

项目受理费是指假投资人要求创业者缴纳项目评估和项目预审的费用。一些声称有外资背景的假投资人往往把收取项目受理费作为一种项目控制程序和费用转嫁的方式。

（4）翻译费

一些声称有外资背景的冒牌投资公司会以总部不懂中文为由，要求创业者到指定的翻译单位进行资料翻译。可想而知，假投资人与翻译单位早已串通，让创业者付出高额的资料翻译费，所以，创业者遇到这种情况时也要多注意。

（5）评估费

在公司融资的过程中，假投资人还可能会要求创业者到指定的融资服务机构或者评估机构对资产或项目进行评估，借此骗取评估费。

（6）保证金

假投资人会以程序固定为由，要求创业者缴纳保证金。如果创业者不按照他们的要求行动就会中断投资，并没收保证金；如果融资进行顺利，保证金会退还给创业者。当然，保证金只是一个借口，融资也不可能完成，所以，保证金根本就是有去无回。

假投资人就是利用创业者急于找到融资的心态，骗取创业者的钱。所以，创业者融资要找正规的公司，当有公司表示愿意投资时，创业者还要对投资人及公司进行全面的调查，并保持警惕的心态。特别是对于以上几种投资人更是要擦亮眼睛，不要盲目相信投资人。

12.8　不要把希望放在一个投资人身上

公司在不断发展，所以就需要源源不断的资金，融资也需要一轮接着一轮。因此，创业者不能把希望放在一个投资人身上，要学会利用现有的投资人为自己引荐更多的投资人，这样下一轮融资才能变得更容易。

1. 给投资人一份下一轮投资人名单

现有投资人是创业者最好的融资渠道。如果他们看好公司的发展，那么很可能会参与公司的下一轮融资，做领投或者跟投。另外，在公司后期投资人增加时，现有投资人也会为创业者增加话语权。

创业者要做的是，维护好与现有投资人之间的关系，同步下一轮融资目标。比如，给投资人一份自己期望的下一轮融资计划，让他们知道该如何帮你、把你介绍给谁等。

2. 共同做出下一轮融资计划

对于初创公司来说，融资是保证公司现金流稳定且平稳运营的必要支撑。早期项目大多缺乏合理的财务分配，转化渠道不够完善，以致很多公司都无法达到盈亏平衡。在这种情况下，一旦资金链断裂，公司没有现金流，项目可能会面临死亡。

因此，对于创业者来说，即使才完成了天使轮融资，也不能放下融资这件事情。引入下一轮投资需要提前一段时间进行接洽和磨合，所以创业者应当与现有投资人未雨绸缪，共同制订下一轮融资计划。

一般来说，当公司银行账户里的资金只能支撑公司 18 个月的运营成本时，公司就要开始制定融资规划，并启动下一轮融资。然后，创业者要开始着手对接各路投资人，不能指望着现有的投资人会永远投资下去。

即使创业者在创立公司时就已经制定好了各轮的融资规划，也不能完全照本宣科。公司在发展过程中存在很多不确定性，创业者一定要根据公司现有的经营状况及时调整融资计划，这样既可以使公司的发展顺着一个清晰的脉络进行，又可以避免公司发展的僵化。

12.9　如何建立最佳创投关系

创业者与投资人的关系需要长期维护，投资人提供的不仅是资金，还是经验、人际关系和市场。投资人与创业者保持良性互动能更好地促进双方协同前进，达到双赢的局面。

1. 建立定期联系制度

创业者需要定期向投资人发送财务报表和运营报告，不是说投资人不问，创业者就能置之不理。时常向投资人分享消息，这是非常重要的，因为这能让投资人充分了解公司的运营状况，减少日后与创业者发生分歧的概率。

（1）定期发送财务报表和运营报告

投资人对投资的项目享有知情权。投资人积极参与投资后管理，主动跟踪项目有利于推进项目发展。相对的，创业者应当向投资人定期报告公司的运营情况，包括公司资产、财务状况、负债、业务、运营、经营成果、客户关系、员工关系等发展情况。这也有利于投资人及时发现对项目发展不利的因素。

（2）约定双方闲时做定期交流

创业者不可能凭空猜测投资人的想法，毕竟这样是无法和投资人保持思想一致的。所以，创业者要与投资人时常沟通交流，像朋友聊天一样彼此沟通一下想法。

定期交流有利于创业者及时发现投资人的异常。投资人是出钱的一方，他一定会非常关心自己投资的那笔钱。如果投资人突然表现出无所谓的态度，这很可能意味着发生了一些意外，比如投资人可能想要撤资了。

因此，创业者需要保证投资人对项目的关注，而确保关注的方法就是经常与投资人交流沟通。项目的快速发展，如用户增长和收入增加等，最能持续吸引投资人的目光。另外，创业者与投资人定期交流，在需要投资人提供资源帮助时也比较好开口提及。就像那些平时几乎没有什么联系但突然就开口借钱的朋友一样，如果创业者不能与投资人建立比较密切的关系，到需要资金时，投资人也不会主动提供帮助。

2. 做到平日的 100% 沟通

创业者虽然不能每天与投资人一起工作，但保持一定频率的沟通还是很有必要的。所谓 100% 的沟通，并不是说要事无巨细地向投资人汇报，而是要时常与投资人沟通公司各个方面的发展变化，让投资人的信息能及时更新，与公司发展同步。

（1）行业分享

行业信息变化迅速，所以更要及时沟通，以便双方对于公司的目标有更深入且一致的理解。百度19亿元收购91无线的新闻发布时，创业者杨锦（化名）就与他的投资人立即针对此事进行了深度讨论。他们都认同这两家公司合并后用户入口的整合将使整个市场份额发生很大改变，同时还会引起相关行业产生方向性改变，两人针对此讨论了应对措施。果不其然，豌豆荚很快就对外声明他们的目标是"成为用户发掘内容的入口"，而不是定位于应用商店。这一声明表明杨锦与其投资人的推测是正确的。

无论哪一个行业，巨头公司在策略布局上的变动往往会引起行业洗牌。为了应对行业洗牌，创业公司需要引进资本伙伴或转换产品的市场方向，甚至还需要变更一些既定的布局。对于这些因行业变动而引发的公司决策变化，创业者与投资人如果能沟通及时，就能避免公司发生利益损失。另外，在一些重大资本合作项目上，投资人可能会拥有更多渠道或更早地掌握消息。创业者如果能善用投资人的这部分优势，那么将会对公司有很大的帮助。

（2）执行层面

如果公司内部发生重大变化，那么创业者必须及时向投资人汇报。这里说的重大变化是指会影响公司决策和执行层面的变化，包括团队内部变化影响公司短期目标的推进或公司的运营发展面临瓶颈难以突破等。

（3）核心人员招募

对于创业团队，核心人员的招募非常重要。通过与投资人共同招募核心人员，创始人可以尽快跟投资人在人才选择方面达成一致。经过充分沟通，创业者可以知道投资人对当前团队人员配置及人员能力的期许和建议，这是一个非常重要的环节。

　　比如，创业者想要招募一个 CTO（首席技术官）来弥补个人技术能力的缺失，但要先征询一下投资人的意见，听取投资人对 CTO 这个职务的看法与认知，如所需要承担的责任等。与此同时，投资人也能结合创业者自身的能力，指出其在人员管理上存在的缺失，而不是让创业者盲目倚赖一个新的 CTO 分担工作。

第13章
合同编写：切勿一失足成千古恨

合同是公司业务进行中随处可见的工具。但创业者常因为没有经验，与他人签订合同时，看不出合同中的漏洞，而蒙受损失。本章就合同编写的注意事项，为创业者答疑解惑。

13.1　仔细审核主体资格

公司在与任何对象签订合同时，首先要对其主体资格进行审核。在此，先来解释什么叫作合同的主体资格。这是对民事法律关系主体而言的一个概念，指的是依法享有权利及承担义务的法律关系的参与人。合同的主体是对合同中规定的事项承担责任的对象，可以是一个人，也可以是一个组织。如果不对合同的主体资格进行审核，可能会出现发生问题找不到负责人的情况。

那么，究竟该如何对合同主体资格进行审核呢？首先，应对对方的法人资格进行审核。其审核的内容包括 4 个方面，分别指成立的过程是否有法律依据，实缴注册还是认缴注册，名称、办公场所是否符合法律法规的规定，是否能独立承担民事责任。

如果对方属于组织的性质，没有独立法人资格，那么审查其营业执照。如果签约方属于公司的下设部门或分支机构，同样需要对法人资格进行审核。如有不满足条件、不符合条件的情况，则拒绝签署合同。否则，可能会给自己的运营工作带来麻烦。

可能还会出现一种情况，那就是合同履行具有一定的专业性。遇到这种情况时，主体资格审核还应包括对从业人员相应资格的审核。具体的做法可以是审核其从业资格证书。如果公司运营者在与对方签订合同时忽略了这一内容，也就意味着合同能否如约履行是一个未知数，这是一种对自己公司不负责的表现。

例如，与从事教育性质的主体签订合同时，需要审查对方的教师资格证；与从事记者行业的主体签订合同时，则要审查对方的记者从业资格证书。总之，对这些具有明显专业性质的主体，专业性从业资格证的审查是非常重要的环节。

在实际的审查过程中，需要确保双方的当事人都是合同中明确指出的主体。如出现当事人与合同规定的主体不符时，则需要重新进行确定。另外，如出现主体人变更的情况，也需要及时告知对方，并确认变更后的情况。而审查方则需要重新对此进行全面审查，以确保不会给后续工作带来法律风险。

13.2　明确双方的权利和义务

合同的本质是一份具有法律效力的协议，它是对当事人之间设立、变更、终止民事关系的规定，以及当事人之间的权利和义务的规定。没有人能预测到合作的过程中会出现什么问题，会发生什么样的纠纷，如果对此没有明确的解决方案，势必会给合作双方带来很多麻烦。由此看来，在合同中明确合作双方的义务是必不可少的环节。

李楠和宋枫是同窗兼好友，而且两人都有一样的理想，那就是开一间餐厅。为此，两人在大学期间做了详细的调研和规划。毕业后，两人拿着成熟的计划开始了创业工作。由于两人是好友关系，彼此都非常信任对方。所以，在创业之初两人并未签订任何合作协议或合同。两人在工作中的分工也没有一个明确的规定，而是谁愿意负责哪方面工作就负责哪方面的工作。

餐厅刚开业的时候，生意一般，由于两人的创业热情处于一个高昂的状态，因此，管理工作进展得非常顺利。然而，随着时间的推移，餐厅也逐渐打响了知名度，此时，餐厅的生意越来越火爆。这本应该是一件值得庆幸的好事，然而，李楠和宋枫之间的矛盾开始出现了。最终，两人因为在管理工作的分配上没有达成一致协议，闹到了法庭之上。

这就是一则典型的因合作义务不明确带来严重问题的案例。对于合作的双方来说，必定会涉及的问题就是利益问题。而这个问题又是最容易引起人们之间冲突的问题。冲突并不可怕，可怕的是没有有效的解决冲突的依据。显而易见的是，当人们在面对利益时，都会极力维护自己的利益，这时如果没有能够约束彼此的依据，就会很容易陷入冲突局面。

为了保证合作关系的顺利进行，也为了避免日后合作中发生的冲突不可调和，在制定合同时先要明确双方的义务。可能对于经验不足的创业者来说，短时间内并不能想到合作过程中的所有会涉及的义务，这时，可以参考同行业内的其他人的意见，或者咨询专业的法律顾问。

13.3　条款必须详细、严谨

合同的内容包括合同签署的主体，以及双方所约定的各项责任和义务。而后者通常是以条款的形式呈现出来的，将每一种具体的情况列为一项条款。因此，也就要求条款的内容越详细越好。条款的内容越详细，在遇到具体情况时也就更容易找到相对应的解决措施。只要是可能在合作过程中出现的问题，只要是双方能想到的问题，都可以以具体的条款展现出来，防患于未然好过事后诸葛亮。

《中华人民共和国民法典》第四百七十条规定，合同的内容由当事人约定，一般包括下列条款：（一）当事人的名称或住所；（二）标的；（三）数量；（四）质量；（五）价款或者报酬；（六）履行期限、地点和方式；（七）违约责任；（八）解决争议的办法。根据合同所涉及的具体行业性质，可以有选择性地选用以上内容作为合同的主要条款。但是，不论合同的主要条款的内容如何，对其中的细节问题的要求都是越详细越好。

例如：甲方需要乙方开发一套系统，并与乙方签订了合作协议。协议中规定的是，乙方尽早完成系统开发工作。如果乙方提前完成的时间越早，则甲方为乙方支付的劳动报酬也就越多。

显然，这就是一份非常模糊的合同条款。关于合同中的"尽早"没有一个明确的概念，也没有一个明确的时间界定。日后，乙方如果想凭借这份合同的内容向甲方要求支付更高的劳动报酬，几乎就是不可能的事，即便乙方完成任务的速度非常快，但并没有一个参照物让乙方来证明自己的速度很快，所以甲方就可以不承认乙方完成得很快。可能乙方最后会对此表示不满，但不得不承认的是，乙方只能打掉牙齿往肚子里吞。

详细的合同条款，从另一个角度还显示了合同制定者有着缜密的思维和周密的考虑。这样的合作者会让合作方更加信任，推动彼此的合作关系向纵深化发展。

13.4　设置保密条款的注意事项

合作的实质就是双方间的优势互补，以及资源共享。事实上，对于任何一家公司来说，它都有自己独特的运营模式和商业资源。这是公司维持发展，保持行业竞争力的秘密武器。显然，一家公司的秘密武器是有限的。

尤其是对于初创公司及中小规模的公司来说，更是如此。但是，如果这些公司之间进行联合，其秘密武器的杀伤力就会大大增强。

在合作的过程中，彼此都拿出了自己的秘密武器，并且对方可以随意加以利用。但是，这并不意味着另一方对秘密武器有支配权。也就是说，签订了合作合同后，双方都对对方的秘密武器，也就是商业机密享受使用权，但没有所有权，更没有支配权。因此，为了约束对方的行为，合作合同中也就有必要包含合作保密条款这一项内容。

在如今这个竞争异常激烈的商业环境中，在合作条款中添加保密内容已经成为一种共识，也成为默认达成合作关系的前提条件。尤其是在高新技术领域，如果合作方拒绝签订保密协议，则所有的合作事宜都免谈。

在很多商业主体看来，制定保密协议是一种基本的商业道德。从理性的角度来看，这也是符合法律法规的要求的。一般来说，保密条款会有明确的保密范围，包括设计、样品、模具、原型、技巧诀窍、工艺、方法、技术、公式、算法、科学知识、性能要求、操作规格、测试结果、财务信息、价格和成本信息、商业计划、市场调研、市场分析、客户信息、配送信息等。

另外，保密条款还会规定泄露应保密的信息的处理方式。至于具体的处理方式视具体情况而定。如果泄露的信息不属于重大级别的，不会给对方带来重大损失的，则酌情以金钱赔付的方式处理。对于情节严重的情况，则可以申请法律援助。

由于大多数商业信息都是具有有效期的，所以，保密条款也是有固定的保密期的。而这个保密时间也需要在保密条款中清晰地呈现出来。一般情况下，保密期为5年。当事人可以根据自己的行业性质来确定具体的保密期限。

13.5　注明违约的责任和处理方式

　　对于合作双方来说，合作是有期限、有责任、有义务的。合作的彼此应该在这个期限内按照约定向对方负责。如果某一方违背了约定中的规定，这就是违约行为。而违约行为会不可避免地给对方带来一定的影响，造成一定的损失。因此，合同中会包含违约责任条款。同样，违约责任条款也应该详细注明。

　　违约责任条款包括违约责任承担方式、违约责任条款约定、损害赔偿的范围、违约金4项内容。其中，违约责任承担方式是指当事人一方不履行合同义务或履行合同义务不符合规定时，应当承担继续履行、采取补救措施或者违约赔偿等违约责任。

　　违约责任条款约定是违约责任条款的核心内容，它应该包括所有可能的违约形式，以及违约补救、赔偿的问题。例如，双方签订的是为期两年的合作合同，那么合同中至少应给出一年之内退出合作的赔偿标准，以及一年之后退出合作关系的赔偿标准。因为这两种情况都是极有可能发生的，且会给合作的另一方带来较大的影响，造成较大的损失。

　　损害赔偿的范围是指当事人一方不履行合同义务或者履行合同义务不符合约定，给对方造成损失的，需要向另一方赔偿损失费。而这个损失赔偿额不能少于因违约规定的赔偿额，以及履行合同义务本可以带来的收益。

　　违约金则是指当事人一方因违约给另一方带来了一定的损失，需要将损失折合成金钱的方式赔付给另一方当事人。这个违约金可以在合同中直接规定，也可以规定为根据实际情况折算。如果合同中事先约定的违约金低于实际损失，当事人的另一方可以请求人民法院或者仲裁机构予以处理。

13.6　案例一：签约主体没有签约资格的后果

2019 年 9 月，成都某家具厂为北京某公司定制一套办公家具。当时，双方约定的价格是 16 万元，并且双方在口头上就交货日期达成了一致协议。双方还约定，家具先将成品制造出来，等到送货时先支付家具厂 6 万元定金，如果检查产品符合双方约定的要求，且没有问题，则在 3 天内付清剩余款项。

家具厂在约定的时间内向北京这家公司送达了货物，并得到了 6 万元的定金。可是，一个月后，家具厂迟迟没有收到对方应付的剩余款项。于是，家具厂亲自向该公司交涉。结果得到的答复是，该公司只是成都驻北京的一处办事处，不具有签约合同的资格。之后，家具厂又找到该公司的成都总部，总部的答复是北京办事处不具备法人资格，他们做出的承诺和约定不代表公司的意志，没有法律效力。至此，这家家具厂只能自认倒霉。

尽管在制作这套家具时使用的是最好的材料和最好的技术，且由技术最好的工人亲自打造，但是由于没有签订书面的合同协议，更没有审核其承诺的主体，所以，当对方不愿意主动支付剩余款项时，家具厂也就处于极度被动的状态中，因为没有具有法律效力的证明材料，所以连法律程序也无法选择。这就告诉广大创业者，在进行商业合作之前，一定要签署合作合同。

另外，创业者还要对合同的签约主体进行资格审核。例如，审查对方是否有签订合同的资格及授权证明（如公司的营业执照、机构代码证、商标证书、授权文书、身份证件等）。为了确保证件的真实性，可以上网查验或者电话咨询。需要注意的是，运营中心、分公司、办事处、接待处、联络处等，这些是没有签约资格的主体。如果遇到签约主体属于以上任何一种情况，则一定要查验其总公司的书面授权书。否则，就不能与其签订合同。

13.7 案例二：违约条款出现纰漏，公司遭受损失

2019 年 5 月，郑州某团购网站找到了深圳一家科技公司，让对方为其进行网络推广。双方就此事达成了一致协议，约定推广期为一年，推广费用为 20 万元。此后，双方签订了合作合同。合同中还规定，推广费用分 3 次交清。第一次交付 5 万元定金，时间在合同签约之时。第二次交付 10 万元，时间在推广工作开始后的第二个月。第三次交付剩余的 5 万元尾款，时间在推广工作开始后的第十个月。

团购网站如约交付了第一次应交付的 5 万元。到了第二次约定的交费时间，团购网站以推广效果不佳为由，拒绝支付应付款项。在科技公司多次派人与其协商无果之后，科技公司将其告上了法庭。然而，因为双方所签订的合作合同对违约事项及违约责任并没有明确的规定，所以诉讼被法院驳回了。

可以说，商业合作的双方完全是因为利益的驱动而确定合作关系，展开合作工作的。因此，在这个过程中需要有明确的条文规定来约束双方的合法权益，包括合作中的一方违背合作约定，损害另一方利益的情况。

事实上，如果对违约责任没有明确的规定，一旦合作中的一方违背了合同约定。那么，即使自己的合法权益受到损害，也无法得到法律的保护。

因为依法签订的合同同样具有法律效力，合同中对违约责任没有明确规定，那么法律也就缺乏了维护诉讼者权益的证据。

对于合作双方可能出现的违约行为，以及应当承担的相应责任，甚至违约金、律师费、损失费按照当时银行同期存款利息可收获的报酬等，都应写进违约责任条款中。总之，内容越详细越好，以免日后有苦难言。

第 14 章
利润升级：让公司变得富裕起来

开公司的最终目的是盈利，在做好了注册、招聘、产品设计等准备之后，创业者就要开始思考让公司变得富裕起来的方法。只有公司的流动资金足够多，公司才能走得更远。

14.1 想方设法将成本压缩到最低

一个公司要想实现高利润，可以采取两种方法：一是增加收入；二是降低成本。对于公司而言，成本每降低 10%，利润就翻一番，而且降低成本也是在降低风险。那么，创业者具体应该怎么做才能将成本压缩到最低呢？

1. 砍掉预算

首先，创业者要制定预算制度，同时要保证预算制度有法律效力，预算出来之后，利润也会随之而出。

2. 砍掉机构

创业者在砍掉机构时要快刀斩乱麻，同时还要引导全体员工参与进来，引入"利润导向、客户导向"的理念，组织全体员工进行学习和研讨。创业者要重组产品研发、销售、订单交付三大流程，将机构设置扁平化，不设副职，明确职责。同时还要减少组织机构层次，对每个岗位进行量化，把每个部门变成利润中心。

3. 砍掉人手

创业者要给公司的每个员工设定明确的目标，将工作任务量化，进行明确的考核，减少人力的浪费。

4. 砍掉库存

创业者要设定最低的库存标准，尽量做到零库存；循环取货，与供应商保持通畅的沟通；与供应商建立良好关系，确保优先送货等。

5. 砍掉采购成本

创业者要关注三个核心：业务、产品及客户，在不影响公司正向发展的前提下，适度地砍掉采购成本，有利于减轻公司的负担。

6. 砍掉固定资产

砍掉固定资产时要干净利索，固定资产的增加会占用公司大量的资金，不管使用与否，它每天都会有大量的折旧与磨损，而且随着技术的升级，固定资产也会产生更多的维护费、修理费。

虽然现在的沃尔玛是世界 500 强企业之一，但很少有人注意到，沃尔玛作为一个公司，其实和中国本土的公司有很多共性：劳动密集型企业，没有高科技的外衣，追求低成本等。沃尔玛是如何压缩成本的？主要有 4 个方面的经验值得借鉴。

1. 从上到下的节约观念

沃尔玛没有华而不实的办公场地、办公设备，始终坚持"合适的才是最好的"。每到销售的旺季或者节假日，沃尔玛的经理们都会穿着西装在销售一线直接为顾客服务，而不像其他公司那样增加员工或者招聘临时工。节约是沃尔玛自创立以来一直保持的一种观念和传统。

2. 直接采购

沃尔玛绕开中间商，直接从工厂进货，大大减少了进货的中间环节，为降低采购价格提供了更大的空间，因为每经过一个中间商，价格至少要高几个百分点，甚至十几个百分点，而避开中间商就能把这些支出从成本中挤出来，从而使沃尔玛在进货方面比其他竞争对手更有优势。

3. 统一配送

沃尔玛实行统一订货、统一分配、统一运送。为此，沃尔玛建立了配送中心，每家分店只是一个纯粹的卖场。供货商将货物送到配送中心之后，配送中心在 48 小时以内将装箱的商品从一个卸货处运到另一个卸货处，不会在库房里消耗时间，这种类似网络零售商"零库存"的做法使沃尔玛每年可以节省数百万美元的仓储费用。

4. 运用高新技术，有效协调货物配送

沃尔玛投入 4 亿美元，发射了一颗商用卫星，实现全球联网，以先进的信息技术保证高效的配送。通过全球联网，沃尔玛总部可以在 1 小时内全部清点一遍全球 4 000 多家分店的每种商品的库存量、上架量及销售量，公司总部迅速掌握销售情况，及时补充库存，降低存货，减少资金成本和库存费用。

从沃尔玛的案例中我们可以看到节约成本对公司而言到底有多大的效用。创业者要把多余的成本当成"毒瘤"砍掉，不断向员工灌输降低成本的重要性，全员参与并树立节约意识，将降低成本与公司发展密切联系在一起，最终实现高利润率。

14.2　180 天生存底线

越来越多的公司陷入经营危机大多数都是因为"现金流"出现了问题，一旦现金流出现断裂，且不能解决，公司就只能倒闭。

公司的运作必然离不开资产，负债、产品、支出、人工等都需要费用，现金流支持着公司的发展。买原材料需要资金，给员工发工资需要资金、销售营销也需要资金。不管是日结、周结还是月结，都属于应付账款。公司需要的资金大部分以月或季度为单位，这就引出了一个概念，那就是公司的 6 个月生存线。

什么是公司的 6 个月生存线？简单来说，就是公司现有的现金流能满足公司至少 6 个月的运营，这 6 个月不是上限，而是底线。这条线就是一道用于提醒创业者的黄线，一旦触碰到这条线，创业者就要提高警惕。

2021 年 1 月，一家纸业公司被传"倒闭"，资金链断裂崩盘，公司拖欠员工 3 个月工资导致工人堵门讨要工资，供应商也堵到门前。据供应商反映，这家纸业公司倒闭是因为公司欠了 1.9 亿元外债，法人抽资投资某高速公路，才导致现金流断裂。

无独有偶，杭州一家包装制品有限公司的老板也被爆"失联"，工厂陷入停产状态。知情人士透露，该厂前段时间就出现过主要生产原料原纸缺货的情况。至于工厂停产、老板"失联"，是由于老板前期投资房地产行业，建了一栋9层楼房，结果资金未能在预期时间内回流，从而导致包装公司现金流断裂。

这家纸业公司是将正常运作的资金挪为他用，包装制品公司是老板多元化经营，投资房地产导致的资金链断裂，这两个案例告诉我们，不管什么时候，创业者一定要为自己的公司保留6个月的现金流，这是公司的生存线。

有了这6个月生存线，即使公司面临资金危机，也有时间去寻求融资或合作伙伴，这样就有机会把公司"救活"，而不是面对危机毫无招架之力。举个简单的例子，电商亚马逊连续亏损23年，京东10年没有利润，为什么还能继续运营，靠的就是来自投资人强大的现金流。

上海一家化妆品销售公司，总经理何明在公司现金流不足的情况下向银行贷款，用全部现金进购了一批市场销量特别好的产品，成本为1000万元，最终销售额为2000万元。不考虑销售成本及营销费用等成本支出，何明这次的利润为1000万元。但这个时候，由于客户现有资金不足，表示要延期支付这2000万元，时间为两个月。

两个月后，客户仍未能付清款项，银行贷款到期，再加上各项固定成本的支出，这家化妆品销售公司的现金流断裂，连本带利套死，公司无奈倒闭。但如果在购买产品时，何明没有把现金流全部投入到购买产品中，留一部分用于运营，那么公司就不会倒闭得这么快，还有时间寻找挽救的机会。

公司持续经营需要现金流来保持顺畅运行，现金流是保证公司能生存的条件。当公司面临6个月生存线的时候，建议公司最直接的做法是开源节流，收缩支出，无论是裁员还是寻找合伙人，都要以保证公司能活下来为主。

14.3 90 天死亡倒计时

现金流危机犹如公司内部的毒瘤，会使公司陷入死亡的困境。公司的现金流除了存在 6 个月生存线外，还存在 3 个月死亡线。这是一条不容触碰的红线，一旦公司的现金流量只能支撑公司 3 个月的运营，就代表公司踏入了死亡倒计时，这时创业者要利用一切办法，解决导致公司出现这种情况的问题。

公司为什么会出现现金流危机？原因有以下几点，如图 14-1 所示。

只注重抓机遇
而忽视现金流

市场突变，陷
入资金危机

投资不善，陷
入资金困境

图14-1　公司出现现金流危机的原因

1. 只注重抓机遇而忽视现金流

公司管理需要公司管理者保持冷静，理性对待。虽说抓住机遇可以很快地将公司做大、做强，但并不是所有的机遇都是保持不变的，也不是所有的机遇都能实现盈利。

2. 市场突变，陷入资金危机

很多时候，公司的现金流出现问题都是因为市场发生变化，可能是因为政策调整，可能因为新技术的出现，也可能是因为产品的生命周期已经从成熟期走向衰退期。公司使用新技术，但是没有抓住市场上的大变化，最终只能是先进入市场却落后一步，主营业务失去竞争力，资金被套牢。

3. 投资不善，陷入资金困境

对于公司而言，复合多元化发展是指创业者把鸡蛋放在多个篮子里，一旦公司在某一个经营领域出现问题，还可以依赖其他领域的发展来规避经营风险。

但多元化也存在缺陷，容易导致组织结构臃肿，加大管理难度，一旦投资不善，可能使公司在各类市场中都失去竞争优势，在外界发生剧变时，公司要承受来自各个方面的压力，现金流首当其冲，反而会把公司拖垮。创业者如果一直不务"正业"，一旦多元化战略不当，不仅会对新事业产生影响，还可能影响原有事业的发展，甚至殃及整个公司的发展。

但只要创业者储备充足的现金支付急需开支，就不会出现太大风险，公司也就能顺利生产经营，维持正常运转。

上海一家公司 2018 年的总资产有 200 多万元，能够快速调集 100 多万元的现金，公司主营市场调研，涉及十几个产业领域。本来这家发展势头非常好的公司却在一夕之间倒闭了。回过头来看，这家公司倒闭的主要原因是在管理上，而管理问题又发生在最薄弱的资金链环节。

这家公司因为抓住了机遇，发展速度较快，在同类型公司还未涉足大数据等新技术的时候，他们先一步使用了这些新技术，占据了市场优势。但由于自我意识的极度膨胀，这家公司只注重抓机遇，而忽视公司管理和长远发展。

在此之后，这家公司盲目涉足多个产业，但由于缺乏对项目的评估和分析，导致资金分散、管理粗放，在一些项目上被套牢，陷入资金困境。

除此之外，这家公司为了抓住传统行业这一市场，在踏入大数据领域后并没有不断更新自己在这方面的技术，而大数据等技术的发展势头正猛，越来越多的公司深入发展这一领域，这家公司的主营业务也逐渐失去了竞争力，业绩持续下滑，公司收入大幅缩水。

这个案例提醒创业者一定要谨防现金流危机。当公司真的遇到 3 个月死亡线的时候创业者该怎么办？四个字：开源节流。在不影响公司运营、合法合规的基础上减少员工支出，为公司争得一息生存时间，能节省多少成本就节省多少成本，同时要加快速度找到合适的合伙人或者投资人，为公司注入资金。

14.4   如何加强现金流管理

在明确了现金流的重要性后，创业者除了要重视现金流外，还要加强企业的现金流管理。那么，创业者具体应该怎么做呢？

1. 编制现金预算，加强资金调控

现金预算是现金流管理的主要内容。通过现金预算，掌握现金流入、流出的情况，及时补足现金余额，创业者要按收入提取一定比例的准备金，以便预防经营风险，避免企业出现现金流断裂危机。

2. 建立并健全现金流财务管理制度

创业者要严格管理每一笔应付款及预付款，并进行严格的预算、核算，用制度来保证资金的收支平衡。

3. 加强对现金流的管理

在不同时期，企业的现金需求量会出现较大的且难以预知的变化。为了更好地利用现金，创业者可以按照经验和企业的实际发展情况，制定企业的现金额度，从理论上接近上限。

4. 现金流财务管理信息化

电子信息和大数据等技术的发展为企业现金流管理提供了更为便利的

条件，为了实现企业的长足发展，创业者要及时更新财务管理方式，利用现代化数据信息，节约企业财务管理成本，提高企业管理效率。数据信息化管理不仅可以提高现金流信息的传递效率，还可以增强现金流数据的收集分析能力。

5. 融资渠道多元化

多元化的融资渠道为企业提供了多种获得充足现金流的渠道，减少了企业现金流出现断裂的可能。

6. 提高企业管理人员现金流管理意识

现金流是否合理流动，最终取决于管理是否合理，因此，要及时培训和更新企业的管理人员或现金流管理者的财务知识，提高现金流管理意识。

上海有一家发展势头非常好的商业公司，却在账面利润率达到 20% 的情况下倒闭了。原因是这家公司的现金流出现了问题，没有资金去偿还供应商的债务。因为这家公司到期不能偿还债务，最终在债权人的请求下，该公司进行了破产清算。

直到现金流断裂，这家公司竟然没有人察觉到现金流出现问题。由此可以看出，这家公司的管理层并没有现金流管理意识。

相较而言，广东一家科技公司就非常重视现金流的管理，该公司规模较大，每天用于技术与设备的现金支出非常多，但这家公司的现金流非常充足，原因在于它大量利用了现金流时间差。每天在银行下班之前，公司财务部会将所有的资金都转到公司的总账户上。

第二天早晨，公司的财务部就能根据这笔资金总额，对资金进行合理地分配，比如说今天要去采购设备，要花多少钱，财务部凭借已批复的申请单直接划拨出去，哪个部门需要出差，财务部就直接划款，用不完的钱会直接回流到总账户。这样既做到了控制现金总量，又把控了整个资源，同时这家公司每周还会公布一次现金流量表，对现金流入和流出明细进行汇总。

14.5　做房产抵押借贷的注意事项

有些创业者在遇到资金问题时，就会想方设法筹钱，除了向亲戚朋友借钱以外，最常用的办法就是做房产抵押贷款。假如某创业者有一套建筑面积为 128 平方米的房子，目前市场价是每平方米 10 000 元左右，总价接近 130 万元，他想用这套房子办理抵押贷款，那么他可以获得 65 万元 10 年期的贷款吗？如果可以，他要交多少利息？每个月需要还多少钱呢？

房产抵押贷款是银行贷款产品中比较常见的一款产品，基本上每家商业银行都有相关的产品。但是，对于借款人来说，一直存在的一个误区就是认为只要是房子就能做抵押贷款，这是不正确的。因为房产性质复杂，银行对借款人所抵押房产的产权性质是有要求的。

首先，先了解一下什么是房产抵押贷款。房产抵押贷款，顾名思义就是指借款人以本人或者他人名下的房产作为担保物，向金融机构申请用于合法、合规用途的人民币担保贷款。这也就说明这种贷款产品需要借款人提供相应的房产证明，比如房本、房主身份证件等。贷款到期后，借款人必须如数归还，否则银行有权处理抵押品作为一种补偿。

其次，既然银行对房产的性质是有要求的，那么，哪些房产可以作为抵押物呢？

因为房产的产权性质复杂，在这里先列举一下哪些类型的房产是不能作为抵押的。

（1）有产权纠纷的房子不得抵押。

（2）产权关系不清的房子不得抵押。

（3）已被依法公告列入拆迁范围的房地产不得抵押。

（4）被法院或国家司法机关裁定予以冻结扣押监管或以其他形式限制

的房子。

（5）已做过抵押但未经前抵押权人书面同意的房子。在第一次抵押贷款时，银行已经拥有了这所房产的他项权利，而法律不允许两家银行获得同一所房屋的他项权，因此，该类房子不得抵押。

（6）在未获全部共有人书面同意抵押之前的共有房子不得抵押。

（7）没有地上建筑物的农村集体土地，不包括荒山、荒地等不得抵押。

（8）违章建筑或未经国家规划部门和建设部门批准，私自建设的建筑物不得抵押。

（9）列入文物保护的建筑物和有重要纪念意义的其他建筑物不得抵押。

（10）学校、幼儿园、医院等以公益为目的的公益设施，不论其属于事业单位、社会团体还是个人，都不得抵押。

（11）房龄太久、面积过小的二手房不得抵押。一般房龄在 20 年以上，50 平方米以下的二手房，许多银行是不予放贷的。

（12）军队的房子一般是不能抵押的。

（13）未满 5 年的经济适用房是不允许上市交易的，银行同样无法取得他项权证，不能办理抵押贷款。

（14）小产权房。小产权房只有使用权，没有房产证所赋予的所有权，银行不接受抵押贷款。

（15）军产房、校产房、未办理"央产房上市证明"的央产房平房，绝大多数银行不予受理。

（16）廉租房不能抵押。

以上这些房产目前都是不能做房产抵押贷款的。目前，银行和其他金融机构能接受抵押的房产包括商品房公寓、二次交易并已交纳土地出让金的已购公房、满 5 年的经济适用房和可上市交易的央产房等。

所以，上文中的这位创业者，要想向银行申请贷款，首先要判断该房子是否能向银行申请到贷款。

目前，要在办理房产抵押贷款，贷款人要提交以下资料：

（1）身份证明：身份证等；

（2）婚姻证明：结婚证、离婚证、未婚声明等；

（3）还款能力证明：收入证明、工资流水等；

（4）用途证明：可以提供公司采购合同等。

当然，如果创业者想在当地银行做贷款，建议先在网上查询相关信息，并到当地的银行进行询问，以便提前准备相关资料，确保贷款顺利完成。

14.6　整合资源，挖掘利润蓝海

很多人不是没有资源就是找不到资源，其实资源到处都有，就看创业者能不能发现。创业者具体应该怎么做，才能发现自己所需的资源，挖掘出利润的蓝海呢？要想发现资源，创业者需要具备以下三个要素。

1. 有眼光和格局

想要创办公司，创业者首先要学习的不是技巧，而是布局。布局考验的是一个人的眼光及格局。那么，什么是眼光？眼光就是某一时刻你对某个领域的趋势准确预测的能力，你能不能看到别人看不到的东西，能不能通过表象看到事物发展的本质。

什么是格局？格局就是创业者要有在看准某一项目后，当机立断做出决策，即便需要去银行贷款，也要去占领这个市场的魄力。

这二者缺一不可。有太多的创业者，想法不少，但终究都没有实现，原因就是不能把想法立刻转化为行动。经过调查发现，80% 的成功人士一定是有想法，并且能将想法转化为行动的人。

2. 将一般思维转化为整合思维

一般思维和整合思维有什么区别？如表 14-1 所示。

表14-1 一般思维和整合思维的区别

一般思维	整合思维
自己创造	让别人为我所用
先获得	先付出
以自己为中心	以对方为中心
先考虑自己最想要什么	先考虑对方最想要什么
需要对方为自己做什么	需要自己为对方做什么
对方非自愿	对方自愿
整合过来难度较大	整合过来较为容易

一般人只关心自己想要的，不关心别人想要的，更不愿意给别人想要的，他们只想把别人的变成自己的。所以，一般思维和整合思维最大的区别就是：整合思维在明确自己想要的资源以后，会以对方为中心，研究对方想要什么，然后为对方提供他想要的资源，获得对方的信任和认可后，对方再自愿为其提供自己想要的资源。

创业者首先要明确自己想要的资源，再了解别人想要的资源，最后通过资源交换获得自己需要的资源，这就是整合思维。

3. 整合即互补

资源整合在一定意义上就是资源互补。人之所以需要与人交往，很多时候是想通过交往对象来满足自己的某些需求，这种需求既有精神上的，也有物质上的。

无论是生活中还是工作中，我们总会主动与一些人交好、合作，通过这样的方法来弥补我们自身存在的某些不足，从而达到互利共赢的目的。

比尔·盖茨在说服 IBM 公司与微软公司合作时，信誓旦旦地说："你们的硬件再厉害，如果没有我的软件，终究是废铁一个，一文不值。"但实际上，在 IBM 公司答应暂时与微软公司合作时，微软公司还什么都没有。

而比尔·盖茨说的这个软件，是他花 5 万美元从一个程序员手中买来的，这个程序员花费了 4 个月的时间编写了 86-DOS 操作系统。比尔·盖茨买下这个 DOS 操作系统后，只进行了简单的修改就发布了，然后开始卖专利使用权，IBM 公司等大公司都在用这个操作系统，微软公司在 1 年时间内就赚了 1 000 多万美元的专利费。

为什么这个程序员没有想到自己编写出来的操作系统可以这么卖？因为信息不对称，这个程序员没有发现隐形的财富资源。在我们的实际工作中，类似这种资源有很多，能不能整合到这些资源，在于创业者能不能发现这些资源。

14.7　回归初心，认真打磨产品

商业的本质是什么？是我们所看到的所谓新零售？还是再抽象一点，像马云说的帮助千万个中小卖家，让天下没有难做的生意？这些都是商业百年来的衍生品和工具，是建立在商业本质之上的应用。实际上，商业的本质是交换。创业者需要通过揣摩消费者交换的欲望来设计和生产产品。这就要求创业者回归商业本质，以工匠精神做匠心产品，从用户的角度持续给用户提供价值，打造自己的不可替代性，用产品制胜。

华为创始人任正非称总有一种新鲜而又普通的力量，促使他不断自我超越，进行自我升级。创业者可以从 4 个层面来解读任正非的力量。

第一，他对目标的锁定能力和各种可能性的假设能力。从最终的用户需求点出发的极致思维使他具有非同一般的"从结论思考"的假设能力。

第二，大局观。只有从大局上明确公司的经营战略，创业者才能义无反顾地冲在研发、销售和客户服务的第一线。

第三，还原本真，在复杂现象中进行抽象思维。

第四，做自己真正喜欢做的事。

华为能够走到今天，得益于华为所坚持的用户至上的理念，得益于任正非坚守自己的理想，始终坚持真心诚意为用户服务，为用户创造价值。

不把企业文化复杂化，做企业就要回归商业本质，不要有太多的方法论。"以客户为中心"本来就是商业活动的本质，你为客户创造了价值，让客户满意，公司才能生存。这就是华为走向成功的原因。

在今天这个万物互联的智能化时代，没有人能一直用经验面对未来，只能依靠知识和创新面对未来。为应对所面临的挑战，创业者必须具备一种最重要的能力，那就是管理不确定性。

任正非把所有的资源都集中在一个战略点上，不断提升一线团队的能力。要实现未来华为产品占领世界大数据流量的制高点的目标，除了要创新产品，还要不断满足用户的需求，只有在此基础上，才能回到本质，聚集能量，实现大视野、大战略。

回归商业本质，用产品制胜，要求创业者要有工匠精神，把用户需求弄透、做好，打造出专属 IP。商业的本质归根到底还是人，用产品制胜需要创业者把自己的产品做成一个品牌。

有一家专门为"90 后"女性做内衣的公司，其创始人在一次谈话中表示他们研发产品的第一步是研究"90 后"女性需要什么，然后再去做产品。该公司 2018 年 7 月推出了一款新产品：没有钢圈、没有海绵垫的女式内衣。

当时很多人都不认可这款产品，认为它肯定没有销量。但事实上，这款产品一上市，深受"90 后"女性的喜爱。这就是抓住了用户的需求点。

产品最终是用来满足用户需求的，而用户需求又随着时间的变化而不断变化，由此可以得出，创业者要不断更新自己、更新产品，才能真正回归商业本质，实现以产品制胜。

14.8　创业小白也可以获得高效益

有的创业者常说："我从事的行业是'夕阳'行业，3% 的利润率已经是行业平均水平了。"这样的说法本身就有问题，创业者在管理公司时若只追求平均水平，只会让企业的发展倒退。在企业的利润率问题上，也是同样的道理。

其实每个行业都有利润高的公司。

很多传统行业的创业者认为传统行业的利润率最多只能达到 5%，但实际上依然有一些公司的利润率可能高达 35%。

面对自己眼前的利润表和很多同行的抱怨，大部分创业者很难想象在自己的行业里居然有人能创造高利润率。但如果我们能跳出来站在全局的高度看，就会发现任何行业都有高利润率的公司。

北京有一家属于低端制造行业的耗材公司，主营各类打印耗材，包括硒鼓、墨盒、碳粉等。它的经营方式是通过批发商、代理商和自营店面进行销售，年销售额约 300 万元，但利润率很低，只有 3%。

随着行业竞争的日渐激烈，这家公司面临着转型困境。目前，我国有很多这样的传统公司，它们的发展远远落后于现在的智能化、网络化的大趋势。而这家耗材公司面对的困境是除惠普原装硒鼓外，硒鼓市场极少有其他公认的品牌。

曾经有同行试图通过新的营销策略推广自己的品牌，但效果甚微。普通消费者对硒鼓的需求量小，而大量需要硒鼓的公司或机构大多是通过招标采购的。因此，广告投入对提高销量的作用不大。

这家耗材公司尝试了很多转型的方法，比如取消中间商，改为直营或电商渠道，延长服务链条，开辟打印机维护维修业务等。但最终都因行业特点、自身资源和能力有限等因素失败了。走了一圈弯路后，这家耗材公司痛定思痛，沉下心来进行分析，最后从用户需求的角度挖掘出一条创新途径。

通过研究用户构成，该公司发现占硒鼓使用量70%的客户是那些打印量大的单位，如银行、保险公司等，而这类公司负责物资采购的通常是行政部门。而真正的使用部门从提出需求到实际拿到硒鼓，至少要经过一周的时间。而且，行政部门和使用部门还要开辟专门的空间来存放这些硒鼓，这就产生了一定的保管费用。

这家耗材公司根据这一现状改变了销售方式，改由独立经销商推测时间点主动上门给客户补货。这样一来，客户就不需要库存，也不用建立入库程序，可以节约不少时间和资源。

这家耗材公司还设计了一个产品箱，在箱子内装上一个月用量的硒鼓，同时在每一个硒鼓上贴有条形码，客户第一次使用硒鼓之前需要扫一次码，这家耗材公司就能收到使用消息，每隔一周上门服务一次，及时补货，将坏了的硒鼓回收，没有用完的进行检修。

紧接着，这家耗材公司又与第三方公司开展推广合作，在箱子内配上第三方公司的宣传单、优惠卡券、试用装等，从中收取配送服务费，使这个产品箱变成了一个销售渠道。这些赠品既为这家耗材公司带来了额外收入，又为客户带来了惊喜。这家耗材公司有了这些额外收入，就可以下调硒鼓的价格，在采购招标时获得竞争优势。

通过对用户的分析，结合实际需求，不断创新，这家耗材公司最终实现了转型，找到了解决问题的方案与新的价值空间。很快，它的利润率就超过了10%，走出了困境。

从这个案例中我们可以看出，利润率不是由行业决定的，而是由公司的能力决定的。公司就像滑雪道上的人，技能越高，竞争就越少，盈利水平也会越高。因此，即使我们是一个白手起家的创业者，没有很多资源和渠道，但只要我们放宽眼界，敢于创新，新手也能实现高利润率。